ÉTUDE DE GÉOGRAPHIE LINGUISTIQUE

PATHOLOGIE ET THÉRAPEUTIQUE VERBALES

III

I Pourquoi **Ferai** n'est pas devenu **Fairai**.
II **Heur** dans son atrofie sémantique actuelle.
III **Dégoût** vient de **goutte**.
IV **Oiseleur** « Apiculteur ».
V L'analogie réparatrice.

LA FONÉTIQUE ARTIFICIELLE

I Français **vierge**.
II Suffixe ordinal **-ième**.
III La fonétique artificielle dans le Midi.
Appendices.

RÉSUMÉ DE CONFÉRENCES FAITES A L'ÉCOLE PRATIQUE
DES HAUTES ÉTUDES

PAR

J. GILLIÉRON

PARIS

LIBRAIRIE ANCIENNE H. CHAMPION, ÉDITEUR
ÉDOUARD CHAMPION
5, QUAI MALAQUAIS (6e)

1921

PATOLOGIE ET TÉRAPEUTIQUE VERBALES

POURQUOI
FERAI N'EST PAS DEVENU *FAIRAI*[1]

Dans une étude intitulée *La faillite de l'étymologie phoné-tique*, j'ai cherché à démontrer que le futur du verbe *faire*, *ferai* — et le conditionnel *ferais*, cela va sans dire — n'était pas *fairai*, comme celui de *taire* est *tairai*, parce que l'éti-mologie populaire voulait écarter de cette forme l'idée de « fer, **ferrum** », qui, au contraire, est appelée par *ferir* « frapper » devenant *férir* « frapper avec un fer » (**ferire** II).

L'étimologie populaire ne pouvait, en effet, être éveillée que dans une concurrence des verbes *faire* et *ferir*, dont certaines formes coïncident en une (v. Godefroy, *faire* et *ferir*).

Il est invraisemblable que, au moment où *ferir* allait sombrer en *frire*, d'où, à son tour, *friser* allait naître, l'étimologie de *férir* < *ferir*, qui me paraît toujours indu-bitablement juste, puisse être née tout de go, sans être évo-quée par sa contre-partie fonétique, c'est-à-dire par une forme de *faire*, pouvant être une forme de *férir* « frapper avec un fer » et devant cesser de l'être, devant être écartée de l'aire sémantique où se meut *ferir*.

L'étimologie de **ferire** II ne peut provenir que d'une

---

1. Sources : Dictionnaire de Littré et Dict. Gén. de Hatzfeld, Dar-mesteter, Thomas.

controverse entre *fèr* > *fér* et *fér* > *fèr*, entre un *fèr*, conforme au sentiment étimologique, et un *fèr*, non conforme. Seul, ce dernier peut avoir évoqué le premier.

Sur ce point, mon opinion n'a pas varié.

Mais j'ai commis une grave erreur, un anacronisme bien caractérisé, en confrontant le futur de *faire*, *ferai*, avec l'évolution de *ferir* à *férir*, puisque *ferai* est de plusieurs siècles antérieur à l'évolution de *ferir* à *férir* et que sa raison d'être, à la place de *fairai*, nous est inconnue.

Après cet aveu non voilé, il semblera d'autant plus paradoxal que je maintienne dans son intégrité, non seulement la nécessité d'une concomitance de « faire » indûment « férir », avec « férir » devenant, par là-même, et simultanément *férir*, mais encore la réalité d'une confrontation sincronique de *ferai* avec *ferir*, malgré l'anacronisme dont je me suis rendu coupable.

Je persiste à croire que *faire* et *ferir* se sont, en la forme *ferai*, départi une zone sémantique, sujette à controverse entre eus deus, et que la confrontation des deus verbes, entachée d'anacronisme, telle que je l'ai présentée dans *La Faillite...*, a réellement eu lieu.

Ce que nous espérons rendre plausible en substituant un sincronisme à notre anacronisme.

En rétablissant dans ses termes complets le problème tel qu'il se présentait à nous, et tel que nous ne l'avions pas établi, nous nous achopperons à un *fairai* qui, sans avoir existé réellement, a dû exister latemment, et avoir été empêché de naître précisément pour la même raison que celle qui faisait naître, naturellement, *férir* de *ferir*.

On sait que *nous fesons*, *je fesais*, etc., *fesant* pour *nous faisons*, *je faisais*, etc., *faisant*, sont venus, très tard, à la suite de *je ferai*. Je ne m'étais pas même posé la question : comment se fait-il qu'une première personne plurielle du présent de l'indicatif, qu'un imparfait, qu'un participe présent règlent leur forme sur un futur, alors que les formes *faisons*, etc. sont, toutes, conformes à la fonétique et aus principes de régularisation qui ont dirigé le français, alors qu'une subordination inverse est tout à fait anormale (cf. le parisien *quand tu te l'veras* et *quand tu te lèveras*, *j'ach'trai* et *j'achèterai*, etc.).

C'est là, je crois, un exemple unique dans la conjugaison française.

A-t-on éprouvé le besoin d'avoir un radical particulier pour les formes faibles du verbe, et y a-t-on satisfait en s'appuyant sur *ferai* qui le présentait ? Ce besoin est précisément le contraire de ce que la langue de cette époque éprouve. Et les parlers populaires, tout autour de nous, disent *nous faisons*, *je faisais*, *faisant* [1].

Aussi bien le Dict. Gén. nous dit-il que « l'affaiblissement irrégulier de *ai* en *e*, consacré dès l'ancienne langue pour le futur : *ferai*, *tend à s'introduire* dans la prononciation de *nous faisons*, *je faisais*, etc. et *faisant* » (page 241 du Traité). En conformité avec ce « tend à s'introduire », le Dict. Gén. nous dit que *bienfaisance* se prononce *bienfèzans* et *familièrement* « *bienfezans* ». Le dictionnaire de Littré, quoique l'aîné du Dictionnaire Général, admet catégoriquement le trionfe de *fe* sur *fè*, le triomphe de la prononciation des Parisiens du xviᵉ s., prononciation que blâmait Bèze ; mais il nous dit que *bienfaisance* se prononce ..*fe*.. ou ..*fè*.., cette segonde forme étant « surtout employée dans la récitation et la lecture ». Les deus dictionnaires s'accordent à dire que *faisable* se prononce *fe*..

---

1. Cette prononciation a surpris notre auditeur à l'École des Hautes Études, un professeur américain, venu en France, il y a trois ans, et faisant partie du premier bataillon d'outre-mer, débarqué à Saint-Nazaire.

A quoi attribuer ce qu'impliquent les expressions « tendance à s'introduire » (*fesons*, etc. D. G.), « familièrement » (*bienfesance* D. G.), « emploi dans la récitation et la lecture » (*bienfaisance* L.), l'accord des deus dictionnaires sur *fesable* — qui est d'ailleurs aussi *faisable* actuellement — à quoi attribuer ces indications, souvent quelque peu discordantes et contradictoires, sinon au fait qu'il s'agit, dans *ai* > *e*, d'une pression relativement inopérante, n'ayant aucun caractère de nécessité urgente, et constamment, depuis le xvi° s. sujette à caution, sujette à un retour, battue en brèche par l'immuable besoin de rapprocher les mots de leur lieu d'origine, le besoin de transparence étimologique, quand une divergence de radical n'a pas de raison d'être organique.

Je viens de faire lire à un Parisien et à sa femme [1] une frase dans laquelle figurent... rue de la *Bienfaisance*... *faisant*... *faisable*... *nous faisons*. Ni le lecteur, ni la lectrice n'ont été conséquents avec eus-mêmes, et il n'y a eu accord des deus que sur *fesable*. Si l'on objecte que mes sujets ont pu se laisser influencer par l'ortografe, je répliquerai que cela a pu avoir lieu seulement à la condition que la prononciation *fai* leur ait paru naturelle, conforme aus principes de la langue, par conséquent conforme à la tendance de retour au radical *fai* — ce que nous voulons établir — et je demanderai pourquoi il y a eu accord sur *fesable*, qui est le membre le plus lointain de la famille — on ne ferait pas dire à mes sujets *fesan* pour *faisan*.

Une Parisienne du quartier des Ternes, alors sexagénaire, avait batisé, il y a plus de 50 ans, un petit sentier, bordé de murs et peu passager, des environs de Bâle, du

---

1. C'est la personne qui dit *quand tu le l'veras, jach'trai* et qui, pour distinguer la « pomme » de la « pomme de terre », l'appelait *pomme-pomme* ou *pomme de l'air* (*Généalogie des mots qui désignent l'abeille*).

nom de « sentier des faisants ». Elle était assez spirituelle, quoique illettrée, pour que je croie qu'il y avait, dans son langage, identité complète de « faisan » (qui n'a jamais été *fèsan* dans son langage) avec *faisant*, participe présent du verbe *faire*.

Et pourquoi, en présence de ces retours de *fe..* à *fè..*, et se tenant à l'écart de ces hésitations, le futur *ferai* reste-t-il seul immuable, inaccessible à l'évolution de *fe..* en *fè..*, dont il a provoqué le mouvement inverse ?

Pourquoi ? Sinon, parce que cette évolution lui est interdite — à lui seul, contrairement à ceux qu'il a entraînés dans le mouvement phonétique contraire à l'action morfologique régulière, telle qu'elle doit se manifester dans le verbe — par la sémantique qui en ferait un dérivé de *fer*.

L'évolution de *faisons, faisais*, etc., *faisant*, dictée par *ferai*, ne peut être que le résultat d'un accident, et non pas celui d'une transformation organique, puisque, aussitôt née, elle est, sinon reniée, du moins négligée en faveur d'un retour, et que la langue, des siècles durant, la traîne à sa suite par routine — trait caractéristique des langues littéraires, — peut-être aussi, parce qu'elle est obligée de garder *ferai*, dont elle ne peut faire *fairai*, et qu'il lui sert d'appui, ou simplement de prétexte.

Quel est donc cet accident de l'époque qui a mis *faisons, faisais*, etc., *faisant* à la merci de l'emprise du futur *ferai* ?

C'est le changement de l'*r* entre deux voyelles, qui, au XVIe s., s'est changée en *s* sonore à Paris et partout où, à cette époque, rayonnait la langue française. Cette transformation, d'une durée plus éfémère à Paris qu'en province, où elle a jeté des ramifications profondes dans la fonétique de certains parlers français régionaux, n'a, comme on le sait, laissé que quelques traces dans la langue actuelle (*chaise, bésicles*). A ces traces, il faudra ajouter celle qu'elle a laissée dans la conjugaison du verbe *faire*.

En effet : *ferai*, *ferons* ont été, au XVI⁰ s., *fezai*, *fezons*. Tout le conditionnel, *ferais*, etc. était *fezais*, etc.

Le radical *fez* du futur entrait ainsi en contact formel étroit avec celui de *faisons*, *faisais*, etc. et *faisant*, c'est-à-dire avec *faiz*, et qui pourrait dès lors s'étonner que, au retour de cet avatar, il ressortît

ferai, ferons, fezons, fezais, etc.

soit un radical *fe* affecté aus formes faibles du verbe, et englobant, par conséquent, aussi *fezant* ?

La surprise éprouvée par *fezons*, *fezais*, *fezant* (qui se répercute dans les dérivés *fezable*, etc.) a bien le caractère d'une transformation fonétique inorganique et contraire à la morfologie : aussi ces mots secouent-ils le joug, ainsi que nous l'avons vu, pour rentrer — autant que la langue indolente, et maniée dans des milieus très divers, permet de le constater — dans le giron du radical fondamental de *faire*. Seul *ferai* ne bronche pas, seul il n'arrive pas à une existence *fairai*. Ah ! vraiment, il a la vie bien dure ! Et d'où lui viendrait donc sa vitalité, sa longévité, sinon de l'intangibilité de sa forme, sinon de sa peur d'être « brûlé » par « fer », s'il devenait *fairai*.

Et c'est, si je suis bien renseigné, précisément à l'époque où *ferai* jouait à *faisons*, *faisais*, etc., *faisant* le vilain tour que nous l'avons vu leur jouer, c'est à l'époque de cet exploit que *ferir* devenait *férir* !

Certes, *ferai* pouvait, antérieurement à la venue de *férir*, être empêché par *ferrer* de se ranger sous le radical *fair* ; mais on avouera que le mouvement fonétique du XVI⁰ s., où *ferir* devenait *férir* et où *fezons*, *fezais*, etc., *fezant* retournaient naturellement, quoique comme furtivement, à *faisons*, *faisais*, etc., *faisant*, était bien conditionné pour engager *ferai* à faire peau neuve et à s'assimiler aus autres formes du verbe. C'était bien, pour *ferai*, le moment où la morfologie allait pouvoir revendiquer ses droits.

Comme *faisons*, etc. renaissent de leurs cendres sous
l'action revivifiante de la morfologie, de *fezai* devait naître
fairai pour la même raison et par la même action. L'étimologie trouve, dans *férir*, un mot propre à être extrait de
f'rir, qui va se perdre dans *frire* $<$ «frire» / *friser* ; mais elle
refoule un *fairai* que veut imposer la morfologie avec le
même droit exercé par elle sur *fezons*, etc. pour en faire
faisons, etc. C'est ce refoulement de *fairai* qui inspire l'étimologie et lui enseigne à tirer parti d'un *f'r* (*fr*) pour en
faire un mot apte à être un verbe de « fer » ; car, sans
cette inspiration, sans cet enseignement, elle ne saurait
pas plus tirer de *frir* un *férir* qu'elle ne tirerait de *friser*
(les cheveus) un *fériser*, dérivé de *fer*.

C'est le spectre de *fairai* qui évoque *férir*, un *férir* d'ailleurs éfémère, qui ne vit plus que dans l'adj. *féru* et la
locution *sans coup férir*.

Ainsi, l'anacronisme que j'ai commis dans *La faillite…*
se révèle, à mes yeus, comme un sincronisme. Instinctivement, j'avais imaginé une balance à deus plateaus : je crois
avoir retrouvé celui qui paraissait définitivement perdu.

Si *ferai* a été un élément d'obstruction à l'évolution de
fe en *fè*, dans le verbe *faire* (*fezons* $>$ *faisons*), je prétens
qu'il a été, en même tens, un appeau à cette évolution,
dans un verbe qui avait une nature sémantique propre à en
subir la virtualité, et avec lequel *faire* était en contact formel.

La forme *fairai*, que — non considérée son homonimie
intolérable — nous tenons pour la seule naturelle à notre
époque, est assez répandue dans la zone intermédiaire entre
le provençal et le français, où vivent des parlers cherchant
encore leur voie, et en dehors du milieu où s'est produite
l'évolution *r* $>$ *s*, à une époque, d'ailleurs, où, très vrai-

semblablement, ils n'étaient pas encore nés français, mais étaient encore provençalisants.

Il n'est point nécessaire d'admettre que *férir* pour *ferir* ait été une condition *sine qua non*, ou simplement un élément conservateur, dans le prolongement jusqu'à nous du *férir* de la locution *sans coup férir*. C'est, du moins, ce à quoi aboutit notre examen attentif, qui partait du point de vue que *sans coup férir* ne serait pas arrivé jusqu'à nous, si *férir* n'avait signifié que « porter un coup, frapper un coup », et non « porter un coup *tranchant, décisif* », c'est-à-dire s'il n'avait pas renfermé une superlativité et une précision dans le coup porté ou à porter, une valeur sémantique qui exclurait la possibilité d'expressions telles que *férir un coup sensible* (au moral, p. ex.). *Sans coup férir*, du xiie s. déjà, est parvenu jusqu'à nous pour une raison indépendante du glissement sémantique qu'il a subi par *ferir* devenant *férir*.

Si cette locution est encore aujourd'hui monnaie courante, comme au tens de Lafontaine (« Il nous faut, sans coup férir, rattraper notre somme »), et si elle se maintient encore, quoique la valeur sémantique de *férir*, dérivé de *fer*, ait totalement disparu de notre esprit depuis que ce verbe est tombé dans l'état d'extrême défectivité, et que *féru*, s'il en évoquait une maintenant, en évoquerait une autre (*féru d'amour*), après avoir évoqué la même (« transpercé par »), c'est parce qu'elle a un attrait et une vigueur qui la recommandent parfois, de préférence à un simple adverbe, dont elle fait la fonction.

Ce n'est pas ce caractère d'ordre estétique qui rent précieus à mes yeus les locutions et les mots que nous appelons vieillis à l'heure actuelle.

Quand nous les rencontrons dans quelque écrit, ou qu'ils se présentent à nous dans notre parler, nous ne faisons, tout au plus, que nous en étonner, sans chercher la raison d'être du prolongement de leur vie. J'estime qu'ils valent mieux cependant que matière à étonnement.

A l'égal des mots disparus du français, ils ont l'avantage d'étaler devant nous une vie lexicale complète, mais une vie encore à son dernier souffle, à l'agonie, et celle-ci est souvent seule à pouvoir nous révéler la cause de leur mort prochaine, et celle-ci que, dans les mots disparus, nous ne pouvons étudier que d'après les dires de nos aïeus, plus ou moins sujets à caution, dans les mots vieillis, nous pouvons l'étudier sur nous-mêmes, sur le vif, et en pleine connaissance de leur vitalité déclinante.

Nous sommes même, à un autre égard, intéressés à cette agonie; car il ne tiendrait qu'à nous, qui sommes maîtres de l'heure, de la prolonger — de la prolonger, mais non pas de remettre le mot en état de santé, comme Littré paraît y convier (« Il faut louer les écrivains qui essayent d'en ramener quelque peu l'usage » — Littré, *férir*).

Les mots vieillis témoignent, le plus souvent, d'une révolte, d'une incapacité à se soumettre à des substitutions que la langue veut leur imposer.

Cap est un révolté légitime contre *chef* et *tête* : *de pied en cap* ne peut être ni *de pied en tête*, ni *de pied en chef*, ni *de cap en pied* ; il ne peut davantage se laisser suppléer par *des pieds à la tête*, expression qui a un sens beaucoup plus concret.

Si l'on me demandait pourquoi et comment le sujet que je vais aborder vient à faire suite au présent que je viens de traiter, je confesserai que la raison en est toute personnelle et tout accidentelle.

Ayant à envoyer à un ami mon étude sur *férir* — et *sans coup férir* —, je lui écris « je ne sais pas si cette brochure aura l'heur de vous plaire », et, comme écrivant dans un

stile naturellement pauvre, incorrect et terre-à-terre, je ne
suis pas accoutumé à rechercher les vieus mots, alors que
j'ai grand peine à trouver les modernes, j'ai été surpris par
l'emploi de *heur* que je faisais instinctivement, et l'ai soumis à mes méditations.

HEUR

DANS SON ATROFIE SÉMANTIQUE ACTUELLE

J'ai écrit « je ne sais si cette brochure aura l'heur de vous
plaire » ; je n'aurais pas dit « si l'auteur aura l'heur de vous
plaire ». Et je crois, en cela, me conformer à l'usage cou-
rant : je m'en suis assuré auprès de sujets parisiens qui font
encore emploi de *heur*. J'établis la règle que *heur* ne peut
avoir d'emploi actuellement que lorsqu'il s'agit de choses et
non de personnes.

Il n'en était pas ainsi autrefois, au XVII⁰ s.

« Expliquez-vous, Ascagne, et croyez par avance Que
votre heur est certain, s'il est en ma puissance », et où
il se disait même, en parlant des personnes, de celle qui
fait le bonheur de, « Reine, l'heur de la France et de tout
l'univers. »

L'*heur* du XVII⁰ s. a disparu au point que Voltaire a pu
dire : « ce mot d'*heur*, qui favorisait la versification, et qui
ne choque point l'oreille, est aujourd'hui banni de notre
langue ». Banni, non ! puisqu'il existe encore, et avec une
restriction dans son emploi qui exclut l'admission d'une
revivification savante. Mais bien, délaissé.

Heur n'a point disparu ; il est un révolté dans « si cette
brochure aura l'heur de vous plaire » ; il a disparu dans
« si l'auteur a l'heur de vous plaire ». Que s'est-il passé ?

Heur, précisément parce qu'il s'est élevé si haut (« heur

de tout l'univers ») et s'est abaissé si bas (« si cette brochure aura l'heur de vous plaire »), qu'il s'est appliqué aus
choses tout en s'appliquant aus « reines » et aus « exploits
merveilleux », s'est avili, comme le papier-monnaie s'avi-
lit quand baisse le crédit, comme les mots abstraits s'avi-
lissent quand la langue en abuse, comme *verté* s'est avili.

Et comme *verté* s'est refait une nouvelle santé — d'ailleurs déjà quelque peu ébranlée (« c'est la vérité pure,
stricte », etc.) — en devenant *vérité*, *heur* a eu recours à un
moyen semblable pour se reconstituer des droits perdus[1].
Malheur n'avait pas participé à la déchéance d'*heur* ; c'est
sur *malheur* que se fait *bonheur*, ou plutôt, puisque *bon heur*
existait déjà, nous dirons : c'est sur *malheur* que s'affermit
bonheur. Car, sémantiquement, *bon* dans *bonheur* n'ajoute
pas un iota à *heur*, qui, à l'égal de *chance* (« il a de la
chance ») signifiait déjà intégralement « bonheur ». Je
dirais volontiers que l'expression *bonheur et malheur* (identique à *heur et malheur* que Littré et le Dict. Gén. disent être
encore employé) est l'équivalent de *bon- et malheur*, j'entens
dire par là que, dans *bonheur* actuel, *bon* n'est plus pléo-
nastique, comme il l'a été dans l'ancien *bon heur*, et devient
parallèle à *mal*, opposé à *mal*, à l'*heur* duquel il a participé
ainsi, comme quand je dirais : la *pré-* et *postposition* (d'un
adjectif, p. ex.).

Voilà donc *bonheur* venant se substituer à *heur*, quand
heur est devenu veule, employé lorsqu'il s'agit de personnes.

Mais *bonheur* n'était pas le seul substitut possible et réel
d'*heur*. Il y avait *chance*, *fortune*, *bonne fortune*, *plaisir*, tous
héritiers se partageant le patrimoine d'*heur* et l'ajoutant au

1. Il est bien inutile de dire que, à aucun moment, nous n'avons
pensé à attribuer la disparition d'*heur*, monosilabe dès le xive s., à une
collision avec *heure*, malgré des contacts regrettables (« combien d'heur
et de jours », « que notre heur fût si proche », etc.).

leur propre, non pas sans que cet accroissement sémantique ne modifie leur nature, sans doute, et, peut-être ne change le cours de leur destinée. Car aucune parcelle ne se détache de l'édifice sémantique d'une langue sans entraîner presque fatalement des mouvements dont l'importance est disproportionnée à la futilité apparente de la cause qui les produit (cf. la disparition d'*ouïr* dans *La faillite de l'étymologie phonétique*).

Chance, fortune, plaisir, venant se substituer à *heur* employé en parlant des personnes, allaient-ils se substituer à *heur* en parlant des choses ?

Ma brochure allait-elle avoir la *chance,* la *fortune,* la *bonne fortune,* le *plaisir* de plaire à mon ami ? La *joie,* la *félicité,* les *délices* de lui plaire ?

Impossible !

Ainsi *heur* trouvait un dernier refuge dans le cas où il était employé en parlant des choses,... un refuge jusqu'au moment où la langue aurait trouvé un substitut convenable à cet emploi.

Et qu'a-t-elle trouvé ? *Avantage, don.*

Je ne dédaigne ni *avantage,* ni *don.* Mais je constate que ce sont, relativement, des néologismes qui ne valent peut-être pas plus que mon *heur,* qu'on surcharge sémantiquement *avantage, don,* comme on a surchargé *heur* ; et, en prévision du danger qui les guette de ce fait, je me demande : quelle surprise réserve à nos descendants ce mouvement lexical, si disproportionné par son ampleur à la perte du petit mot *heur,* perte que les lexicografes enregistrent comme un incident sans conséquence, comme un simple « fait divers » de journal ? πάντα ρεῖ.

Exemple peut-être unique d'une décadence aussi rapide, dès la fin du XVIIᵉ s., *heur* n'était plus sinonime de *bonheur* :

« Et que l'heur d'être aimé n'est pas toujours bonheur. »

Et Labruyère dit avec beaucoup de raison et de bonheur :
« *Heur* se plaçait où *bonheur* ne saurait entrer ; il a fait
heureux qui est français et il a cessé de l'être. » Mais,
comme Voltaire, il se trompe en affirmant qu'*heur* a cessé
d'être français, puisque nous l'employons encore, et en
pleine connaissance de sa valeur héritée, ce qui ne serait
pas le cas si nous l'avions réalisé par réadoption.

Cet arrêt dans la substitution à *heur*, cette obstruction
de la part d'*heur*, employé en parlant des choses, à l'évolution d'*heur* en parlant des personnes, sont-ils conformes
à la langue en évolution ?

Ils sont l'essence même de la substitution d'un mot à
sémantique multiple, d'un mot ayant simplement un sens
figuré à côté d'un sens propre, s'effectuant par un autre
mot dont la malléabilité, l'élasticité n'est pas la même que
celle du mot auquel il se substitue.

Or, par quoi se distingue *heur*, en parlant des personnes,
d'*heur* en parlant des choses ? Par un emploi au sens
propre d'un emploi au sens figuré.

Heur, devenu inapte à être employé en parlant des personnes, est remplacé dans ce cas par *bonheur, chance, plaisir*, etc. ; mais ceus-ci ne conviennent pas aus choses, aus-
quelles il faut un autre substitut, et, en attendant — l'attente est plus ou moins longue — *heur* continue à faire
l'office auquel il a été appelé... appelé improprement,
peut-être, mais qu'il remplit par usurpation, par une usurpation à laquelle la langue a consenti, qu'elle a consacrée.

Heur en parlant des choses était impropre, puisque *heur*,
pas plus que *bonheur*, ne devait avoir la propriété de s'appliquer aus choses, et que, à l'heure actuelle encore, nous
rejetons « si cette brochure aura le bonheur de vous
plaire ». La langue n'y consent pas.

Y aurait-elle à la longue consenti ?

On ne le saura que par déduction résultant de cas semblables à celui d'*heur*, mais non de l'historique d'*heur* lui-même ; car *heur*, en parlant des choses, avait trouvé un remède efficace à sa défection pour cause de démonétisation par excès d'enfase, en même tens que *heur*, en parlant des personnes, avait trouvé le sien dans *bonheur, chance, fortune, plaisir*.

Alors, pourquoi *heur*, en parlant des choses, a-t-il persisté jusqu'à nos jours, s'il a trouvé un remède efficace en même tens que *heur* en parlant des personnes, et quel est ce remède ?

Ce remède, contemporain de *bonheur*, était *don, avantage*. Ce remède, on le voit, n'était pas unique. A la substitution de *heur*, en parlant des choses, il ne s'imposait pas un remède unique, pas plus qu'à celui de *heur*, en parlant des personnes : indice d'hésitation dans l'application térapeutique. Cette hésitation pour *heur*, en parlant des choses, se justifie.

La marquise de Sévigné, par exemple, disait *don de plaire* — nous disons même *don de déplaire* — et nous l'imitons ; mais, en l'imitant, nous commettons une faute, à l'usage de laquelle la langue a peine à donner son consentement : en effet, c'est la faute même qu'elle répudie, lorsqu'elle s'oppose à « une chose a le *bonheur*, le *plaisir*, la *chance* ».

Une chose a le don est la consécration d'un emploi identique à *une chose a l'heur*, tel que le faisait le XVIIᵉ s., par figure, identique à *une chose a le bonheur, le plaisir*, etc., tel que nous le répudions aujourd'hui, et nous acceptons *une chose a le don* (de plaire), comme un pis-aller, autorisé par des auteurs en mal de substitution lexicale, puisque *don* présente le même obstacle que *bonheur*, etc. à être appliqué aus choses, et que la langue devrait l'écarter au même titre que *bonheur*, etc., puisque *heur*, sémantiquement atténué, depuis qu'il est dépouillé de son « bonheur » d'autrefois, depuis qu'il est « dépersonnalisé », est toujours là pour nous dire qu'il n'a pas été guéri, qu'on ne l'a pas remplacé efficacement, et qu'il a encore le droit de vivre.

Avantage, qui sort complètement de son aire sémantique pour signifier notre *heur* — *à l'avantage de nous revoir* occupe une rubrique spéciale dans le Dict. Gén. — et qu'un auteur, en 1690, dit être « façon de parler bourgeoise », et Littré « aujourd'hui, formule de politesse » était encore plus précaire que *don*.

Qui trionfera de *bonheur*, etc. ou de *don* et *avantage* dans la place qu'occupe encore *heur* chancelant ?

Évidemment *don* et *avantage*, *don* ou *avantage*. Quant à *bonheur*, *chance*, *fortune*, *plaisir*, leur tour n'est pas près d'arriver, et, s'ils sont jamais « ministrables », ce ne sera qu'à la suite de quelque catastrofe survenant à *don* et *avantage*, les mots d'aujourd'hui déjà et de demain, les mots que, comme pis-aller, nous traînons depuis la fin du xvıı⁰ s. et qui ne régneront sans entrave qu'à la mort d'*heur*.

Ces faits concernant *heur* répètent, de point en point, ceus qui se sont déroulés pour l'ancien *affermer*[1], lequel signifiait « affermir » et « affirmer » et qui, sous l'action de *fermer* « **firmare** », rendre ferme, devenu *fermer* « clore avec un fer », se trouve dénaturalisé de « ferme », et doit se renaturaliser à « ferme ». Il devient *affermir* (comme *bonheur* succédant à *heur*), qui n'atteint pas « affirmer » (l'emploi figuré, comme l'*heur* employé par moi). *Affermer* (comme *hour*) continue à faire l'office d' « affirmer » (on *afferme* qu'un remède *affermit* les chairs), jusqu'à ce que « affirmer » trouve un substitut qui satisfasse sa séman-

---

1. Les faits que je résume ici sont exposés dans une étude qui fera partie du volume publié par l'École des Hautes Études à l'occasion de son cinquantenaire.

tique révoltée contre *affermir* et que *confirmer* vienne lui offrir *affirmer* (comme *avantage*, *don* viennent relever *heur* de son rôle provisoire, que nous pourrions encore rendre définitif à l'heure qu'il est, si tel était notre plaisir).

En disant « si cette brochure aura l'*heur* de vous plaire » et, d'autre part « j'ai le *bonheur* (etc.) de vous l'envoyer », je me trouve encore à l'étape de *heur-bonheur* correspondant à celle d'*affermer-affermir* que représente Amyot. Mais « si la brochure aura le bonheur (etc.) de vous plaire » a été prévenu par « si la brochure aura le don (l'avantage) de vous plaire ». Et, à moins d'une réaction raisonnée et plus ou moins rétrograde, cette dernière sera définitivement consacrée par la langue. *Heur* n'aura plus qu'à disparaître totalement, laissant *don* et *avantage* seuls maîtres de la place, en face de *bonheur*, *chance*, etc.

Heur a péché par son emploi enfatique à l'excès. Son état patologique, s'il n'était pas immédiatement suivi de mort, devait, conformément à son origine, passer par une étape transitoire que représente son emploi exclusif en parlant des choses. Pour que cette agonie soit elle-même conforme à l'état patologique d'un mot, il fallait que, dans cet emploi réduit, *heur* n'eût plus l'effet délétère qu'il avait dans l'emploi d'où il a été évincé, et où la nature de ses substituts lui enjoignait de se dédoubler — *bonheur*, *plaisir*, etc. moins accessibles à l'emploi figuré que *don*, *avantage*.

Les rôles d'*heur* dédoublé ne sauraient être renversés que si mon explication de sa disparition par deus étapes successives est fausse, et si l'historique d'*heur* en voie de disparaître a, cronologiquement, une apparence trompeuse.

Admettons néanmoins, pour un instant, la réalité de ces rôles renversés. Il est évident que, dans ce cas, les mots actuels *bonheur*, *plaisir*, etc. seraient diminués de la succession d'*heur*, et que *don, avantage* en seraient d'autant augmentés, les uns et les autres étant aujourd'hui héritiers légitimes d'*heur*, avec cette restriction cependant que, dans certains cas, d'autres substituts aient pu se présenter.

Que l'on remplace *heur* par *don* ou *avantage* dans les exemples fournis par Littré, on verra qu'il n'en résultera que des frases dont la compréhension ira de la possibilité à la réalité actuelle, et ne sera jamais impossible : la révolte de *bonheur*, etc. contre « si ma brochure aura le bonheur de vous plaire » est plus catégorique, plus décisive — nous voudrions pouvoir dire plus excessive — que celle de *don, avantage* contre « si ma brochure aura l'heur de vous plaire », et il est naturel que la moins catégorique puisse se substituer à l'excessive, tout en en atténuant la portée sémantique (« Reine, avantage de l'univers »).

Mais, dira-t-on, à quoi bon cette remarque, pour le moins fastidieuse, et où voulez-vous donc en venir ?

Je veus chercher à démontrer que le fait — inconcevable, selon nous, pour *heur* — existe réellement dans la langue, et traiter d'un cas où la substitution du mot se présente en sens inverse de celle d'*heur*, c'est-à-dire débute par l'emploi figuré, et où le substitut du figuré s'impose à l'emploi du sens propre et en détruit complètement l'existence primaire.

Je veus chercher à convaincre que *La faillite de l'étymologie phonétique* n'est pas un titre de réclame, mais qu'il renferme l'expression exacte de ma pensée, que je résume ainsi : l'étimologie primaire n'a souvent qu'une valeur fugitive : une fois embarqué, le mot français vogue où le pousse le français, obéit à l'étimologie populaire, devient papillon, de crisalide qu'il était et à l'état de quoi il reste selon les lexicografes.

DÉGOUT VIENT DE GOUTTE

Les verbes composés gardent intacts les radicaux du verbe simple, tant que leur parenté sémantique est sensible pour l'étimologie populaire ; *mêler : démêler, emmêler, entremêler, remêler* [1]. Ils les gardent intacts à plus forte raison, lorsque verbes simple et composés risquent, par leurs formes, de se confondre avec quelque autre verbe de sens différent ;

lacer, délacer sont bien distincts de *lasser, délasser* (comme *tacher* et *tâcher* le sont aussi). En est-il de même de *goût, dégoûter* vis-à-vis de *dégout, dégoutter* ?

Littré nous dit bien que *dégoût* — et toute sa famille — a un *ou* long « ce qui le distingue de *dégout* ». Je ne sais si Littré lui-même prononçait *dégoût, dégoûter, dégoûtant* avec *ou* long ; ce que je sais, c'est que, actuellement, il serait bien difficile de trouver une seule personne qui prononçât ainsi. Nous disons *dégout, dégoutter, dégouttant* absolument comme les mots correspondants venant de *goutte*, et conformément à *égout, égoutier, égouttage, égouttement, égoutter, égouttoir, égouttoire.*

« *Dégoûter*, composé avec la particule *dé* (lat. *dis*) et *goût* » est une étimologie grafique, et elle est incorrecte comme étimologie fonétique, puisque nous disons *dégoutter*. Un dictionnaire de la langue actuelle, conformément aus explications données par celui auquel nous empruntons l'étimologie (D. G.), devrait dire, s'il s'en tient à la grafie traditionnelle de l'Académie :

« *Dégoûter*, composé avec la particule *dé* (lat. *dis*) et *goût*, a rejoint au...ᵉ siècle le verbe *dégoutter*, composé de la particule *dé* (lat. *de*) et *goutter*. »

---

1. Littré : partout la prononciation *é*. Dict. gén. : *é* dans *mêler* et *è* dans les composés.

En proposant cette modification, qui implique, en réalité,
un *dégoûter* II — comme le *fermer* actuel = « clore avec
un fer » est un *fermer* II, mais à la différence près que
dégoûter II enferme encore en lui toute la sémantique de
dégoûter I (il la perdra bientôt) — je ne me base pas seulement sur le témoignage, de valeur irréfutable, que nous
fournit la brièveté de l'*ou* qui faisait de *dégoûter* un *dégout-*
ter et que tout sentiment étimologique devait, semble-t-il,
tenir à l'écart, au lieu de l'appeler.

Je me base aussi sur l'extrême élasticité sémantique
d'une forme de la famille de *dégoût* qui, à l'élasticité
nécessaire pour justifier ou excuser l'étimologie II joint en
lui le point de contact le plus approprié à réunir *dégoutter*
à *dégoûter*. Cette forme est *dégoûtant*.

Je ne prétens pas que *dégoûtant* devrait être restreint à
signifier « qui inspire du dégoût » et « qui inspire de la
répugnance, de l'aversion », cette segonde acception basée
sur le fait que toute sensation des cinq sens est susceptible
d'être soumise au « goût ». Mais que d'autres adjectifs
(*écœurant, nauséabond, rebutant, révoltant, détestable, répu-*
gnant, fastidieux, etc., etc.), dont plus d'un pourraient se
réclamer de cette même qualité, et qui ne le font pas !
Dégoûtant est de tous ces concurrents le plus élastique :
aussi nos dictionnaires, qui tiennent à leur définition étimologique, lui concèdent-ils, exceptionnellement, une
rubrique spéciale où ils enregistrent sa valeur familière
(« décourageant, rebutant, révoltant »). N'est-ce pas là
une preuve que *dégoûtant* déborde de la sémantique que
lui assigne son étimologie I, et que tout ce qui déborde de
celle-ci est le minimum de ce qui revient à l'étimologie II?

Dégoûtant doit nécessairement. être, avec un sens péjo-
ratif, « qui excède la mesure, qui regorge, qui déborde (en
mal) ». Et d'où lui viendrait ce sens, sinon de *dégouttant,*

forme qu'il a prise depuis et qui s'impose à toute la famille ? Et où se trouve le contact sémantique par où *dégouttant* pénètre dans *dégoûtant* ?

Nos dictionnaires nous le révèlent : « Ils *dégouttent* l'orgueil, l'arrogance, la présomption », donc « ils sont *dégouttant* d'orgueil, d'arrogance, de présomption » > ils sont *dégouttants* d'orgueil, d'arrogance, de présomption > ils sont *dégoûtants*.

Suintant, dans cette frase, pourrait tout aussi bien évoluer à « dégoûtant » ; il ne lui manque que… l'appeau qu'est *dégoûtant*.

C'est cette pénétration de *dégouttant* dans *dégoûtant* qui enrichit la sémantique de *dégoûtant* I.

Enfin, on nous dit que « *dégoût* a remplacé *dégoûtement* ». Si cela est vrai, pourquoi ce remplacement ? N'est-ce pas, parce que *dégout*, très ancien dans la langue, et venant à renier l'étimologie I de *dégoûter*, supprime *dégoûtement*, dont nous n'avons plus que faire ?

J'ai fait converger en *dégoûtant* l'étimologie II, à tort ou à raison, comme l'on voudra. Quoi qu'il en soit, et en n'accordant plein crédit qu'à l'évolution fonétique, laquelle est la preuve la plus tangible et la plus incontestable de l'évolution sémantique, je constate que toute la famille est actuellement dans le même cadre de l'étimologie II, et toute la famille se trouve maintenant munie de sa sémantique propre et d'une sémantique figurée, qui, par **gutta**, se prolonge bien au delà de **gustum** [1].

---

1 : Il est inutile de rappeler ici qu'une pareille association entraîne des répercussions dans la matière léxicale, étrangère de forme, mais sémantiquement parenté, du côté de *dégoutter*, répercussions dont il y a lieu de tenir conte dans l'histoire de ces mots parents — elles peuvent aboutir même à des catastrofes. En substituant dans la frase suivante, que je lis aujourd'hui même (*Liberté* du 3 mars 1920. Notes parisiennes) *dégouttants* à *trempés*, on prendra sur le fait un des mots prêts à rempla-

La pénétration, purement fonétique, de **gutta** dans **gustum** va au delà. **Gutta** s'est infiltré — et cela est naturel — dans l'opposé de *dégoûtant*, qui est *ragoûtant* (prononcé *ragouttant*).

Ragoûtant est « appétissant » au propre et au figuré. S'il n'a pas l'extension sémantique de *dégoûtant*, qui est son opposé, c'est précisément parce qu'il ne s'est pas enrichi d'un concurrent *ragouttant*, qui n'existe pas. *Ragoûtant* se tient dans les limites que lui prescrit *goût*, son étimologie. *Dégoûtant* les dépasse et de beaucoup : l'existence de *paroles dégouttantes* n'implique pas celle de *paroles ragouttantes*. Ce qui n'empêche pas que, formellement, *ragoûtant* a subi l'influence de *dégouttant* ; car nous ne disons ni *ragoûtant*, ni *ragoûter*, malgré ce que dit Littré (on prononce « … où … De *re* et *agoûter*, forme inusitée, de *à*, et *goûter* »).

C'est, avons-nous dit, par l'emploi figuré que *dégouttant* a pénétré dans *dégoûtant*. Formellement, *dégoût*, *ragoût*, et leur famille n'ont plus rien à faire avec **gustum**. Sémantiquement, *ragoût* et sa famille dépendent uniquement (ou à peu près uniquement, cf. *vous n'êtes pas ragoûtant = vous êtes dégouttant*) de **gustum** ; *dégoût* et sa famille renferment côte à côte et « dégoûter » et « dégoutter ». Cette fusion semblera à certains esprits ne présenter aucun inconvénient ;

cer un défaillant : « Un agent de la brigade fluviale, assisté de quelques passants de bonne volonté, s'offrait de ranimer, par des tractions de la langue, le suicidé, un jeune homme dont les vêtements *trempés* sortaient, à n'en pas douter, de chez le meilleur faiseur ». On dit, à côté de moi, « dégoulinant », mot qui n'a pas les honneurs des dictionnaires, quoiqu'il soit fort usité partout. *Dégouliner* aura le sort de *regouler* « rebuter », que le Dict. de l'Acad. avait admis en 1694, qu'il a supprimé en 1878 (D. G.) et qu'a employé Voltaire (« vous devez être regoulé de Tancrède ») comme sinonime de *dégoûter*. L'un et l'autre de ces mots ont une transparence fonétique (*gueule*) qui leur interdit l'accès dans le bon langage à plus forte raison peut-être qu'à *dégouttant*. Et cependant voyez le sort que le bon langage a fait à *pétillant* !

mais en est-il ainsi pour tout le monde, et en sera-t-il ainsi toujours?

Je crois que, déjà, il n'en est plus ainsi. Je crois que nous assistons en ce moment à la relégation de toute la famille de *dégoûter* dans le langage bas. La famille de *ragoût* suivra vraisemblablement l'avilissement; car son parallélisme, à voir la facilité avec laquelle elle a suivi le sort de *dégoûter*, ne laisse pas prévoir sa réhabilitation.

L'intrusion de « dégouttant » dans *dégoûtant* est la cause même de la dépréciation subie. C'est l'image de ce qui est dégouttant (de sueur, de matières) venant à s'associer à « dégoûtant » qui a ravalé *dégoûtant*.

J'ai amené une Parisienne à prononcer ce mot : elle ne l'a fait qu'à contre-cœur, a rougi quelque peu, a cherché à se reprendre, et son mari, présent et également interrogé, m'a dit : « je cherche un terme un peu plus sélect ».

Il est donc à prévoir que, dans un tens rapproché, *dégoût*, *ragoût* et leur famille ne figureront plus dans les dictionnaires qu'avec la mention *vieillis*, et que, dans un avenir qui n'est pas lointain, ils seront enfouis dans quelque Godefroy qui, espérons-le, sera mieus fait que l'actuel. Les remplaçants, presque au complet, n'attendent plus que le moment d'entrer en fonction définitivement. C'est *ragoût* qui, vraisemblablement, sera le dernier traînard.

Il est pourtant bien certain que *dégoûtant*, à lui seul, ne méritait pas ce sort : « Goûtant la vie à la campagne », « dégoûté de la vie à la campagne ».

Il faut le réhabiliter, dirait sans doute Littré.

Il me paraît — mais ceci seulement sous bénéfice d'inventaire — qu'on en a tenté la réhabilitation indirectement, et non pas dans le sens qu'aurait sans doute désiré Littré. Pour ne pas dire « j'en suis dégoûté », qui est « j'en suis dégoutté », par un joli eufémisme qui fait échapper à l'emprise de « dégoutter » en « dégoûter », et recourant au verbe simple, non sujet à cette emprise, on a dit *j'en ai goûté* (avec *ou* long) pour « j'en ai assez, j'en suis dégoûté ». Née, sans doute, à Paris, la grande usine d'où s'écoulent — nous savons avec quelle rapidité — les néologismes brevetés, cette expression n'existe plus qu'en province. Mais, par un tour de main, dont la quasi-instantanéité est également caractéristique de Paris, on en a fait *j'en ai soupé*, superlativisant l'idée de dégoût en en prolongeant la durée jusqu'à une heure avancée de la nuit. Je ne sache pas que, quoique appâté, *j'en ai dîné* ait jamais existé. C'est ainsi que *j'en ai soupé*, remonterait à la péjoravité de *j'en suis dégoûté*. Si *j'en ai dîné* en avait trionfé ou en était simplement concurrent, il est probable que cette interprétation ne me serait pas venue à l'esprit.

L'étimologie latine d'un mot ne peut être définitivement acceptée que s'il y a accord relatif de toutes les langues romanes dans sa sémantique. Le déploiement de cette sémantique peut, selon les langues, varier... non pas à l'infini, mais dans des bornes naturelles, que l'imagination de l'étimologiste, gouvernée par les faits, doit chercher à établir et doit pouvoir établir. Si ce déploiement échappe à son imagination, il y a grande probabilité que l'étimologie latine a dévié sous l'influence d'une étimologie segonde, d'une étimologie populaire.

L'étimologie populaire est, si l'on veut, un parasite de l'étimologie fonétique d'un mot, mais un parasite qui peut supprimer en entier la vie de celle-ci (Ex. *fermer*), ou vivre collatéralement (Ex. *dégoûter*) et, alors, nous venons de voir quelle conséquence il peut résulter de cette intime association, de cet attelage sous le même joug (Ex. *dégoûtant* ébranlé, caduc).

Le parasite qu'il s'agit d'extraire, étant nécessairement

d'une substance semblable à celle du cors (*fer* à *fermer*, *dégoutter* à *dégoûter*) dont il importe de le détacher, il va sans dire que l'opération de l'ablation se présente souvent comme d'une gravité telle qu'il peut paraître prudent de ne point l'exécuter.

Mais, est-ce une raison pour nier la présence du parasite, et est-ce une raison pour affirmer que ce parasite fait une fonction du cors ?

Il y a dans l'application de l'étimologie fonétique des opérations louches, même quand on ne peut la condamner péremptoirement sous prétexte que les preuves de culpabilité manquent, même quand on ne peut légalement la déclarer en faillite.

*
* *

On parle de remettre le français, et chaque langue romane, isolément sur le chantier où se travaille l'étimologie. Mais le moment actuel est-il bien choisi, le moment en est-il venu ? Ne sommes-nous pas condamnés, pour longtens encore, à nous contenter des œuvres imparfaites ou médiocres de l'heure actuelle.

Nous attendons la venue de l'homme assez désintéressé pour ne pas se soucier du rénom d'étimologiste, assez puissant pour embrasser dans toute la complexité de la tâche du présent... et de l'avenir, l'ensemble latin, et pour permettre aus ouvriers régionaus d'accomplir un travail fécond.

Tant que ce vrai Messié attendu — il y en a eu de faus — ne sera pas venu, j'estime qu'il est présomptueus de la part des lexicografes régionaus de poursuivre la piste d'étimologies, qui, la plupart du tens, ne dépassent guère le seuil de l'imprimerie, ou tombent alors, quand elles ne sont pas fausses, dans la banalité de faits connus par ailleurs et qui altèrent leur interprétation.

*
* *

Dans mes dernières études, je crois m'être soigneusement abstenu d'aborder tout problème dont la solution aurait pu être conditionnée par son existence au delà du territoire que comprent l'Atlas linguistique de la France — lequel n'est qu'une ébauche d'un trayail restant à faire — j'ai écarté tout problème dont la solution exigerait la connaissance personnelle d'autres langues romanes que le français. Je crois ainsi m'être préservé des erreurs inévitables qui découleraient d'une documentation très incomplète sur des parlers romans qui me sont inconnus.

Aussi, je ne crois pas encourir le reproche que me faisait un de mes anciens élèves, et que voici :

« Pour *cheoir*, je vous ai déjà dit que les causes de la disparition me semblent plus complexes. Cf. la disparition de *cadere* dans l'Italie du nord, qui, dans ce cas, me semble propre à donner des renseignements fort utiles, parce que la substitution n'est pas consommée, de sorte qu'on peut en mesurer les étapes, et parce que les substituts sont fort variés. »

A cela je réplique : j'ignore complètement ce que l'équivalent de *choir* est devenu dans l'Italie du nord ; mais je sais que ce que l'on me dit s'y être produit et s'y produire n'a rien à faire dans le sort de *choir* en français, et qu'il y a d'autres causes à rechercher.

En effet, mon explication de la disparition de *choir* (*La faillite de l'étymologie phonétique*) est un fait qui ne s'est produit qu'en français littéraire, qu'en parisien, et qui a pour cause un fait littéraire, parisien. *Choir* n'a pas disparu

en France, où il n'est entamé — surtout dans le Midi —
que par une imitation aveugle du français littéraire, imitation aveugle de l'intensité de laquelle mon travail sur les
composés de *fermer* donne une idée, à mon sens, précise.
Il n'y a, malgré cette puissance d'absorption de la part du
français littéraire, aucune connexité géografique entre la
disparition de *choir* en France et celle qu'on me signale
dans l'Italie du nord (v. la carte *tomber* de l'Atlas); à plus
forte raison n'y a-t-il aucune connexité de causalité entre
Paris et le nord de l'Italie. Mon problème était parisien,
celui de mon contradicteur est du nord de l'Italie, et je
n'avais pas même l'obligation d'entrevoir la solution du
mien au delà du département de la Seine (v. l'Atlas). On
ne saurait s'être confiné davantage dans l'aire, hors de
laquelle je me suis proposé de ne pas sortir.

OISELEUR « APICULTEUR »

Le journal « La Liberté » du 14 février 1920 contenait
dans ses *Echos* une note où il était question d'*ézaleux*
« possesseurs d'abeilles ».

Cette forme *ézaleux* me paraissant suspecte, je m'infor-
mai de l'origine de la note, et l'on voulut bien me répondre
qu'*ézaleux* était une coquille pour *ézeleux* et que la note
avait été démarquée du *Moniteur officiel* du 14 février 1870,
où je trouvai ce qui suit :

« C'est demain lundi, 14 février, la saint Valentin, qu'on
célèbre dans un grand nombre de localités du Nord et du
Pas-de-Calais, comme la fête patronale des possesseurs
d'abeilles.

« Il y a trente ans, il existait dans chaque village du canton de Laventie une société d'*ézeleux* (possesseurs d'abeilles)

qui, chaque année, le 14 février, faisait chanter une messe de saint Valentin à l'issue de laquelle on se réunissait à l'auberge pour dîner et pour raconter maints épisodes apicoles. Le chef-lieu et plusieurs villages conservent leur société d'*ézeleux*. Chaque société d'*ézeleux* élit annuellement un *roi*. Etc.»

Le canton de Laventie, dans le Pas-de-Calais, et confinant au département du Nord, se trouve dans l'aire où **apis** s'est conservé sous la forme d'*é*. Que devait être « possesseur d'abeilles » dans cette aire ? Evidemment *ézier*, dira-t-on. Mais *ézier* était déjà « rucher » (*Généalogie*..., p. 25). Du reste, l'élevage des abeilles ne constituant pas une profession exclusive d'autres, il est peu probable que les patois aient éprouvé le besoin d'un mot désignant l'éleveur d'abeilles, alors que la langue littéraire elle-même n'a que le néologisme *apiculteur*. Le besoin d'un mot parallèle à *apiculteur* n'a sans doute été éprouvé que lorsqu'il se fonda des associations, des « amicales » d' « abeillers ». Cette époque a coïncidé avec celle où le *vol dézé* était aussi bien le vol des *é* (des abeilles) que le vol d'*ézé* (d'oiseaus), c'est-à-dire avec l'époque où le produit phonétique de **apis** (*é, és*) se confondait avec celui de **aucellum** (*oisel* > *esel*), et d'où, par cette confusion, intolérable pour les deus mots, naquirent (*mouche* d')*essaim*, *ep* (de *wep* « guêpe »), d'une part, et d'autre part, entre autres, les formes d'*oiseau* empruntées au français.

Qu'était *ézeleus*, qui est en français *oiseleur* (à côté de *oiselier*) ?

Il fallait qu'il ne fût rien sémantiquement pour que « apiculteur » pût devenir « aviculteur », comme il fallait que *cheminot* ne fût rien avant d'être ce qu'il est actuellement. Dira-t-on qu'à Laventie l'abeille était *é*, ce qu'elle est encore aujourd'hui, et que le possesseur d'*é(s)* était un *oiseleur* ?

C'est précisément le mérite de notre métode de m'avoir obligé d'admettre la nullité sémantique d'*ézé* — avant d'avoir connu *oiseleur* dans l'aire d'*é* « abeille » — et *oiseleur* « possesseur d'abeilles » en est une confirmation matématique. C'est précisément parce que *oiseleur* ne pouvait plus être « oiseleur » qu'il a pu devenir « apiculteur », éleveur d'*és*.

Si bienvenue qu'elle soit, cette confirmation de la confusion d'**apis** avec **aucellum** en un mot sémantiquement neutralisé, qui pouvait être soit *oiseau*, soit *abeille*, ne nous était pas indispensable : elle est, en termes absolus, la répétition de celle que j'ai constatée au point 279, où les abeilles sont des « petits oiseaus » sans en être ; car on n'y dit pas *dé tyoz ézé*, comme on dirait si elles en étaient, on dit *dé tyo ézé*, parce qu'elles n'en sont pas.

Le point 279 est à l'extrême ouest de l'aire **apis** > *é* ; *ézeleus* est à l'extrême nord de la même aire.

Tels sont les « Denkvorgänge, die zu ergründen uns häufig genug nicht mehr möglich ist ». Ces *Denkvorgänge* « gehen mehrfach auf Erwägungen eines Einzelnen zurück, der für andere massgebend gewesen ist ».

Ces paroles sont extraites d'une critique de mon travail sur les noms de l'abeille, critique que je me proposais de passer sous silence : mais les paroles citées sont tellement déprimantes, font entrevoir dans l'étude des langues romanes une science si peu intéressante dans le concert des autres sciences, que je me dépars de ma première résolution. Aussi bien ce que j'en dirai n'aura-t-il trait qu'à la question qui nous occupe dans le présent article. Ce ne sera qu'un échantillon, qui permettra de constater que les paroles ci-dessus sont justifiées en tant que s'appliquant à leur auteur.

La critique, parue dans le *Literaturblatt für germ, und rom. Philologie*, nᵒˢ 11 et 12, 1919, où elle n'occupe pas moins de quinze colonnes serrées, travestit ainsi les résultats ausquels fait allusion notre article :

« Die Ausführungen über die verschiedenen dialektischen Ersatzwörter für *apis* und für *examen* kann ich nur zum Theil andeuten » [fort heureusement pour moi, car on va voir par les lignes suivantes comment il aurait interprété ces substituts, dont l'examen exige un certain effort d'intelligence et... une lecture attentive. Quelle que soit la valeur de mon livre, il n'est pas de ceus qu'on lit en chemin de fer et à la vapeur]. « Da ist zunächst *ezé*, das eigentlich *oiseau* entspricht, aber durch die lautliche Beziehung zu *es* « Biene » als die längere Form für das zu hurze *es* eintritt », [cette interprétation d'*ezé*, fort heureusement, n'est pas née dans mon cerveau, et n'a pu en sortir, par conséquent. Je serais bien affligé d'avoir à la revendiquer. Je crois que chez aucun peuple un mot télescopé n'a été un *Ersatzwort*] « was wiederum zur Folge hat, dass für Vogel » ein anderer Ausdruck eintritt und zwar zumeist « Sperling » [et que l'« abeille » reste un *oiseau*, tandis que l'*oiseau* devient *moineau* ! « Voilà pourquoi votre fille est muette »].

Ce qui est un *Ersatzwort* est, selon la *Généalogie*... une cause *zum Ersatz*; mais cette petite distinction de cause et d'effet n'a pas d'importance dans une critique qui, d'un bout à l'autre, témoigne chez l'auteur d'une incompréhension à peu près complète, d'une stupéfaction de Sélénite devant des faits constants de la linguistique patoise et de l'acharnement de son tir sur des buts imaginaires ou imprécis.

J'en recommande vivement la lecture à ceus que M. Meyer-Lübke y appèle mes « apprentis » et dont, presque tous, par leur savoir, pourraient être mes maîtres, quoique moins éminents que M. M.-L. Ils y verront ce qu'ils ont perdu à vouloir avec moi faire un saut dans l'« incertain », où l'on est constamment mis en face de problèmes d'ordre matématique[1] — effroi des romanistes — dont la solution, pour ardue qu'elle puisse être parfois, conduit à des résultats conformes aus lois matématiques et ils y apprendront à retrouver la grand route, la « gangbare

1. De là des aveus naïfs, pareils à celui-ci : « Vor allem aber sind für mich die Grenzen unseres Erkennens enger als… » Ce qui va au delà de son *Erkenntniss* actuelle est nul et non-avenu, et ne la modifie en rien. Mais alors pourquoi s'aventurer et s'empêtrer dans l'inconnaissable ? Le *Romanisches etymologisches Wörterbuch* n'est-il pas le dernier mot de la science ? Etait-ce pour avoir l'occasion d'établir des parallèles ridicules entre le *chant* (du coq) et *Gsang* (du coq ?!) zurichois (qui lui paraît « geziert », à lui « der ein stark ausgesprochenes Mundartgefühl hat »!), ou l'identité de capacité substitutive de *Ross* (allemand suisse — « cheval » patois) et de *Pferd* (allemand que les Suisses apprennent à l'école — « cheval » littéraire), d'une part, et de *cabal* provençal et *cheval* français, que les gens du Midi estropient à qui mieus mieux, pourvu qu'il ne soit pas *cabal*, forme à laquelle retournerait un *cheval* emprunté au français, si l'évolution n'était obstruée pour cause étimologique (cf. les cartes *chaudière, chenille, charpentier*, etc., etc.). Y a-t-il en Allemagne un territoire de grandeur à peu près équivalente à celle du provençal, où l'on ait eu *Peipe* « pipe » et *Perd* « cheval », et où l'on dise maintenant *Peipe* et *Pferd* ? Voilà le parallèle ! Celui que l'auteur établit est excusable, peut-être, puisqu'il n'a rien compris ou à peu près rien compris de ce qu'il a lu ; mais que dire d'une revue critique qui accueille de semblables insanités ? Etait-ce encore pour substituer à la fonction de la respiration (assez répandue parmi le peuple !) une fonction exclusivement exprimable par un terme savant (: *respirer* — respiration artificielle peut-être ? — « Unbedenklich ein Latinismus »! A ce propos nous apprenons que *hoffen* « espérer » appartient à la « höhere Sprache », un paysan — contrairement au paysan français qui dit *espérer* « attendre » — étant rarement « in der Lage *ich hoffe* zu gebrauchen » (ô les malheureux ! Ils n'avaient aucun équivalent ?) Les Bâlois sont mieus partagés : ils disent même *Hoffnig* pour *Hoffnung* — et les femmes sont *i der Hoffnig* — alors qu'ils disent *Wasserleitung, unter der Bedingung*. Remarquez que les patois de la Suisse allemande ont été de

Strasse », où ils entendront à nouveau les ritournelles des orgues de Barbarie.

Cela dit, je m'empresse de reconnaître que deus fautes de l'Atlas, relevées en une note au bas de la première colonne (points 896 et 897 de la carte *j'allume* de l'Atlas où il y a la forme de l'infinitif au lieu de celle du présent de l'indicatil) sont réelles. J'en prens ma part de responsabilité : la frase *j'allume ma pipe*, dans mon questionnaire, n'aurait pas dû figurer entre deus questions à infinitif (entre *jouer aus quilles* et *fumer un cigare*). Ces deus fautes, depuis plusieurs années déjà, figurent dans les Errata que contient le Supplément, non encore publié par suite des circonstances que la guerre nous a créées. Je m'en suis aperçu en étudiant à l'École des Hautes Etudes les cartes *allumer*.

L'ANALOGIE RÉPARATRICE

On nous a enseigné que le latin gérait sémantiquement le français jusqu'à nos jours. Nous n'en croyons rien : le Français gère lui-même sa maison.

On nous a enseigné que, souvent, le latin littéraire avait enrichi la langue française inutilement. Nous n'en croyons rien : le latin littéraire a été un remède propre à guérir.

J'ai cru comprendre que l'analogie fonétique n'était

tous tens en usage constant chez les professeurs universitaires lorsqu'ils ne sont pas en chaire (en tant qu'ilo oont indigènes, bien entendu). *I boffé n es längt.*

Tout cela pour s'éviter deus additions : combien y a-t-il de mots qui possèdent indûment l'*s* latine devant consonne, et combien y en a-t-il parmi eus qui sont d'essence sémantique populaire et qui « tournent » autour d'*esprit*, mot qui a toujours été savant de forme, quoique populaire de sémantique ? Les résultats des opérations sont des preuves parlantes. Les sciences matématiques n'ont plus qu'à se bien tenir en face la linguistique.

souvent qu'une maladie qui affecte les mots. Je n'en crois rien : l'analogie fonétique est un remède propre à guérir.

C'est ce dernier point que je me propose ici de mettre en lumière par un ou deus exemples.

Le lecteur ne manquera pas de dire : *fermer « clore avec un fer »*, *affirmer n'est pas affirmare, dégoûter n'est pas dégoûter*, c'est un véritable pot-pourri que l'on nous joue là. Et le lecteur aura raison. Mais il me permettra de lui poser la question suivante : les airs qui composent ce pot-pourri sont-ils violemment conjoints ou naturellement assortis, forment-ils, avec le quatrième air, que nous allons faire suivre, un tout logique, une succession naturelle ? Si cela est le cas, notre pot-pourri, qui n'est pas d'origine artificielle, qui n'est pas né sous la pression d'idées préconçues, mais est uniquement sorti d'études isolées sur certains mots d'où résulte, sans que nous le voulions, l'enchaînement des airs, ne peut être qu'un échantillon des gestes qui se reproduisent constamment dans la langue, échantillon qui est autre que ceus que l'on nous a présentés jusqu'ici.

A l'aspect d'une langue qui présente, d'une part, une matière vieillissante, malade, agonisante ou morte, d'autre part, une matière nouvelle ou grandissante, je me demande si cette dernière ne se présente pas sous le jour d'une matière guérissante, térapeutique, succédant à une matière malade et disparue, patologique, sujette à la mort et soumise à la revivification.

Les mutations dans la matière linguistique, dans quelque ordre grammatical qu'elles se produisent, les nouvelles formations, les nouvelles étimologies, l'analogie enfin ne sont-elles pas, ou toujours ou souvent, de nature réparatrice — ou ne sont-elles que fortuites, dons de Jupiter ?

La première opinion, à laquelle j'adhère, est-elle contraire à la nature, la segonde, qui est fort répandue, est-elle plus explicative d'êtres vivant, revivant, se transformant, « se mourant », morts.

On m'a reproché (à propos de ma brochure *Pathologie et thérapeutique verbales*) de conduire les jeunes linguistes dans une salle d'hôpital. Qui dit mort, dit maladie ; qui dit transformation, dit guérison ; qui dit vie, dit nécessité de vivre ! Où devais-je donc les conduire ? Au bal masqué, où tourbillonnent les mots, et où des maîtres de danse, à chaque entrée et à chaque départ, enregistrent des noms sans autre formalité d'enquête sur les causes de départ et d'arrivée, pas plus d'ailleurs que sur celles qui font changer de masques aux premiers participants ?

L'analogie fonétique est, nous dit-on, une force qui s'impose. Je crois qu'elle est aussi — et surtout, avant tout — une force appelée pour trancher des équivoques, et elle fait ainsi le même office que les substituts d'un mot prêtant à équivoque. Je crois qu'il ne faudra reconnaître la part de la première (analogie créatrice) que lorsque la part de la segonde (analogie réparatrice) aura été défalquée. Je crains bien que cette dernière ne soit de beaucoup la plus considérable.

Loin de moi l'idée — pour le moment du moins — de ne faire de l'analogie fonétique qu'un auxiliaire térapeutique : je n'entens qu'en restreindre l'activité inhérente à sa puissance naturelle, j'entens distinguer l'analogie réparatrice de l'analogie créatrice — quitte à reconnaître, peut-être, que le secret de la force de cette dernière est précisément la force de la première.

Si, dans la substitution lexicale — et l'analogie produit une substitution lexicale — le sistème du moindre effort doit entrer en ligne de conte, il est évident que le minimum de l'effort est représenté par le recours à l'analogie, qui n'est qu'une substitution partielle et, souvent, un pis-aller, en lieu et place d'une substitution totale, difficile ou impossible.

C'est bien sous ce jour que va nous apparaître l'analogie réparatrice, et nous allons voir l'accueil qu'elle a trouvé.

L'analogie réparatrice va nous montrer que l'analogie, telle qu'elle a été considérée jusqu'ici, est une puissance latente, passive, qui ne devient active que si d'autres mots, en détresse lexicale, en déclenchent le jeu, et qui ne joue qu'à défaut d'autres moyens térapeutiques, notamment à défaut de substitution lexicale complète, ou comme moyen moins radical.

Nous allons voir que *ter* « tendre », de **tenerum** latin, fait au féminin *terte* sous l'action analogique de *vert verte* — mot capital de la seule classe où *ter* pouvait trouver un appui analogique, mot par lequel seul *ter* avait accès dans cette famille (*ouvert ? désert ? offert ?*).

Est-ce à dire que *vert verte*, mot désignant une couleur, ait usé de sa puissance analogique sur *ter*, mot complètement étranger à la catégorie de ceus qui désignent une couleur, mot opposé même, puisque *vert verte* a, dans certains parlers, le sens de « crû, crûe » (*viande verte* même), lequel est le contraire de « tendre » et le sera notamment dans le cas précis où nous verrons *vert verte* agissant sur *ter* « tendre » ?[1]

1. Il faut se garder de chercher dans *terte* un point de contact sémantique avec *verte* (dans un sens affirmatif ou négatif). « Vert » est bien l'opposé de « blet, tendre », et, dans certains parlers, l'équivalent de « crû, non sec, non séché, non fumé ». En certaines régions de France, « crû » est *vert*, et de la *viande verte* est de la « viande fraîche », opposée à de la viande fumée. A *dürre Oepfelschnitz, dürre Bohne, dürrs Schwinigs,* on oppose, à Bienne, *grüne Oepfelschnitz, grüne Bohne, grüns Schwinigs,* c'est-à-dire des quartiers de pommes non séchés, des haricots non secs, de la viande de porc non fumée.

Terte, calqué sur *verte* par rapprochement d'idée sémantique (affirmatif ou négatif), tenant par là de « terte-verte » (ou « terte-non verte »),

Pas le moins du monde: *vert verte* n'apparaîtra que comme une échappatoire, comme un refuge où le féminin de « tendre » sera à l'abri d'un ennemi qui en fait un mot équivoque. Ai-je alors le droit de dire que *vert verte* a une vertu analogique ? Oui, certes ! Mais cette vertu n'est faite que de la misère lexicale de *ter*, de la nonchalance ou de l'incapacité ou de l'impossibilité d'une substitution lexicale complète, qui atteindrait et *ter* et son féminin.

Sans sa valeur térapeutique, je ne comprendrais pas l'évolution de *ter* à *terte*, je ne pourrais considérer comme scientifique l'affirmation que *terte* a été fait analogiquement à *verte*, et nous avons, pour le moment, le devoir de n'accepter que sous bénéfice d'inventaire, bien expressément manifesté, toute affirmation semblable, non basée sur des causes qui ont produit l'analogie : nous devons tout d'abord en reconnaître la valeur utilitaire, avant de la faire manœuvrer dans le vide.

Est-ce avec cette réserve que les romanistes ont eu recours à l'analogie pour expliquer les singularités lexicales, quoique l'un de leurs chefs, analogiste fécond, les invite à ne pas faire de « saut dans l'inconnu » (*Literaturblatt für germ. und rom. Phil.*, 1919, p. 386)?

L'attribution de *terte* à l'analogie de *verte* sans l'appui d'une causalité qui l'excuse, et qui y dévoile une force inhérente, à laquelle on a eu recours dans d'autres cas, est aussi téméraire que le serait le recours à l'analogie de *ex-*

---

et s'opposant, sous ce vêtement, à « pomme (de) terre » — qui est, *indubitablement*, le point de départ de la formation *terte*, dont l'efficacité, en même temps que l'existence, cesse presque immédiatement au delà (seuls des fruits sont *tertes*) pour laisser le champ libre à *tère*, féminin concurrent — cela est impossible. Il n'y a pas plus du côté de « pomme de terre » que du côté de « tendre » un rapport sémantique possible avec *verte*, que ce rapport soit imaginé affirmatif ou négatif.

perte ou de *Gilberte*, et le choix que l'on ferait de *verte*, dans la détresse qu'amène *ter* « tendre », serait personnel, fantaisiste.

Que cherchait *tère* en *verte* ? Uniquement un mode de devenir un adjectif, de substantif qu'il était, par son télescopage avec *terre* dans l'unique emploi de *pomme-ter* = « pomme tendre » et « pomme de terre ». *Terte*, conformément à son origine, deviendra sémantiquement un autre mot que *tère*, avec qui il cohabitera (Saint-Pol ; fém. *ter* ou *terte*), laissant à ce dernier la place légitime et se réservant seulement le sens matériel (*pomme terte* > *terte-poire*, mais non pas « ma *terte* mère »).

S'agit-il là d'une analogie active de la part de *verte*?

Qu'a cherché *mûre* (**matura**) en devenant *mûrte* ? Uniquement un mode de devenir exclusivement et expressément un adjectif, et même un mode de devenir possible dans une *mûre mûre* (**mora matura** ou **matura mora**). « Quand les mûres sont mûres, le raisin est mûr » est une phrase que j'ai souvent entendue. (Voir à propos de la forme française *mûre* « **mora** » : l'*Appendice* à la fin de cet article.)

Que cherche le féminin de *dur*, en devenant *durte* ? (Ici nous sommes réduit à de pures hipotèses). A devenir plus essentiellement adjectif, parce qu'il est aussi employé comme substantif (être couché sur *la dure*, en voir de *dures*) ? A rematérialiser un adjectif qui s'émancipe au figuré (une viande *dure* à digérer, avoir la vie *dure*, une pelle *dure* à manier) ? [1]

C'est plausible, probable, très probable ; mais il nous est impossible de le démontrer. Rien ne serait plus facile que

---

1. Je ne crois pas que *dur* soit exclusivement **durum**, pas plus que *maison*, *hôtel* ne sont exclusivement **mansione, hospitale**. J'espère pouvoir le démontrer dans une prochaine étude.

de le démontrer, si notre Atlas n'était pas une œuvre très incomplète[1] : nous n'avons qu'accidentellement la forme féminine de *dur*, et là où nous l'avons, elle se trouve englobée dans l'aire *murte* « **matura** ».

Si *durte* coïncidait géografiquement avec *murte*, la géografie linguistique nous autoriserait à affirmer que le féminin *durte* est dû à une nécessité imposée par l'emploi de *dur* comme substantif ; car une analogie adventice ne couvrirait pas l'aire d'une analogie nécessaire ou utilitaire. Nous ne pouvons l'affirmer.

Et si la géografie linguistique nous obligeait à reconnaître dans *durte* une simple imitation non-utilitaire de *murte*, alors nous poserions la question : est-il convenable que nous appelions du même nom d'analogie et l'analogie réparatrice, utilitaire, primaire de *murte*, et l'analogie adventice, non-utilitaire, imitatrice, secondaire, simulatrice d'utilitarité.

Si *dure*, *sure* « acide », dédaignant leur parenté fonique avec *obscur*, *pur*, *sûr*, *futur*, prennent modèle sur *murte*, dont le modèle m'est inconnu, en tant que immédiatement fonique (*..urte*, *..eurte*) et doit être cherché bien loin (*forte*, *morte*, sinon *verte*), il est évident que *mûr*, *dur*, *sur* (Saint-Pol : *surt*) n'ont pas été individuellement, simultanément et identiquement mis en mouvement vers *murte*, *durte*, *surte*, et que, à côté d'une analogie utilitaire pour l'un ou l'autre, il y a analogie adventice pour l'un ou l'autre.

*
* *

Si *bleu* donne au féminin *bleuʒe*, et *bleuve* — nous écartons, bien entendu, tout lien traditionnel de cette forme

---

[1] Encore une fois, je le répète, personne n'est plus persuadé que moi de l'insuffisance de l'Atlas ling. de la France.

avec d'anciennes formes ayant les consonnes *f* et *v* — il y a dans l'analogie qui les produit non pas exubérance, racolage, mais secours térapeutique. En face de *blanc-blanche*, *brun-brune*, *vert-verte* — *bleu-bleue* ne va pas : l'action analogique s'exerce des trois premiers sur le quatrième.

Verte — il en est de même des autres — dont le masculin est *vert*, avec *t* encore prononcé, ne peut entrer ici en fonction térapeutique, l'état fonétique, puissant tiran, s'y oppose. Ce sont cependant ces mots qui constituent l'action analogique, et ce ne sont pas eus qui l'excerceront matériéllement.

Ah ! si c'était eux qui pouvaient faire valoir une autorité sémantique, et conséquemment fonétique sur *bleu* (je pense à *vert* plus particulièrement), ils en auraient fait un mot bien autrement robuste et dérivateur qu'il ne l'est, après avoir subi l'action analogique qui lui est particulière !

Mettez en parallèle les multiples dérivés de *vert* (*verdissant*, *verdoyant*, *verdoyer*, *verdure*) avec les imaginaires de *bleu*, et vous comprendrez l'afflus des équivalences de ce dernier, accourues pour en soutenir la paralisie formatrice — quoique les écrivains en modifient les allures sémantiques plus ou moins contrairement à leur origine première. (*Azur*, son emploi et sa suite — *émeraude* a-t-il le même développement dérivateur ? — *Pers* que l'on fait revivre, jusque dans les prospectus des magasins de nouveautés. — Notre pauvre *bleuté*, dont ne veulent pas nos dictionnaires. « *Bleusir* est mauvais », dit Littré, tandis que *noircir* est bon. La langue est une marâtre pour *bleu*).

L'analogie ne pouvait venir à *bleu* d'un nom de couleur : il ne peut y trouver de modèle, il est enchaîné à sa forme, il ne pourra s'évader au gré de sa volonté, il ne pourra que desserrer un peu ses liens. Sa transformation, pour raison d'état patologique, sera purement mécanique, sans être accompagnée d'un rapprochement formel avec les modèles qui agissent sur lui, et le procédé fonético-mécanique va devoir lui suffire, comme un pis-aller.

Ce sont les adjectifs en *..eur, ..eus, ..euse* au féminin, et en *..euf ..euve* qui s'acquittent de la fonction requise. Ils la rempliront par pis-aller, et nous ne saurions dire que l'action analogique émane d'eus. Elle n'est pas exubérante, elle est requise par la famille *blanche, verte, brune* qui ne peuvent secourir *bleue*.

La preuve que ce n'est pas la puissance analogique de *..euse* et de *..euve* qui produisent *bleuse* et *bleuve*, elle est entière et complète dans l'hésitation des parlers à recourir indifféremment soit à *..euse*, soit à *..euve* (*heureuse, curieuse — neuve, veuve*). Dans les parlers français, c'est un chassé-croisé dont la carte *bleu* de l'Atlas offre le tableau le plus saisissant que nous puissions souhaiter.

*
* *

Si *vert* fait de *verde : verte*, il est de toute évidence qu'il s'agit d'une action analogique exubérante émanant de *vert*, dont la constitution est plus robuste, en tant que forme masculine, sur un féminin, qui n'est point impotent, mais qui n'a aucune raison pour ne pas s'associer plus intimement à son masculin — cette analogie exubérante n'est d'ailleurs, elle aussi, qu'une analogie *réparatrice*, si l'on considère que la mentalité de la langue, libérée de son lien étimologique, veut qu'une même idée soit exprimée, autant que possible, par un même radical, auquel s'attache éventuellement une désinence de valeur morfologique.

Quelle est l'extension de *verte* ? Conformément à sa nature qui ne s'impose pas immédiatement et infailliblement, il n'est pas répandu sur tout le territoire de la langue

d'oui, et laisse à *verde* plus d'une aire (moitié ouest, notam
ment), dont l'une nous intéresse tout particulièrement.
Celle-ci s'étent du point 257 (Oise) au point 177 (Ardennes)
en une zone très étroite à l'ouest et un peu plus large à
l'est.

Si *vert*, par sa forme féminine, fait le féminin *noirte*, dirai-
je qu'il s'agit d'une action analogique exubérante. Ce serait
une erreur que la géografie linguistique redresse en un clin
d'œil : *noirte*, dans la langue d'oui, n'a qu'une très petite
extension, il n'existe que dans la moitié du Pas-de-Calais
et les cinq points avoisinants 278, 295, 281, 272, 270.
Ailleurs pas trace de *noirte*.

Mais, direz-vous, qui vous dit que *noirte* soit fait sur
vert ? Ceci : dans le voisinage immédiat du Pas-de-Calais
ayant *noirte*, on trouve *noerde* à Vermand (Lettres de Pierre-
Louis Gosseu adressées à un journal de Saint-Quentin) —
Vermand n'a plus cette forme actuellement d'après l'Atlas,
et cette circonstance explique bien l'absence de *noirte* en
quelques points intermédiaires de notre Atlas, où on l'at-
tendrait, et où il a vraisemblablement existé — puis, dans le
voisinage de Vermand, aus points 161 et 251, où l'on a
. *noirde* (pron. à la française). Or, ces trois points sont précisément dans la zone où nous avons dit que *verde* est resté,
et n'est pas devenu *verte*. Cette preuve, d'ordre matématique, nous dispense de poser la question, superflue même
pour d'éventuels contradicteurs : de quel autre mot que
vert — *noir* pourrait-il recevoir une influence analogique ?

Ainsi, le masculin *vert* exerce, aus points 251, 169, une
influence analogique sur le féminin *noire*, alors que ce même
vert n'y exerce aucune influence sur son propre féminin
verde ? « Noir » est attiré davantage par *verde* que ne l'est
verde par « vert » ? Et l'on appèle analogie fonétique *noirde*
< *verde*, et l'on appèle analogie fonétique *noirte* < *verte* ?

Et *vert* a une puissance analogique inhérente, exubérante qui se déverse également et sur *verde* et sur *noire* ? Quelles absurdités !

Et, si « vert » ne pouvait d'aucune façon imaginable atteindre *noire* pour en faire *noirde* sans toucher à *verde*, en quoi *noire* avait-il un caractère fonétique qui motivât n'importe quelle intervention analogique ?

Noir masculin, *noire* féminin est aussi sain fonétiquement que *blanc-blanche*, que *vert-verte*, que *brun-brune*, que *gris-grise*. A-t-il changé — admettons même l'absurde — pour que le féminin soit aussi dissemblable de *noir* que le sont *blanche*, *verte*, *brune*, *grise*, de *blanc*, etc. Et *jaune* ? Et *rouge* ?

Vert n'a de puissance analogique que vis-à-vis de *verde*, et cette puissance, il la tient non pas de la fonétique, mais uniquement de son caractère morfologique de forme masculine.

Verte, *verde* n'ont rien en eus qui leur donne une puissance analogique : ils la tiennent de *noire*, qui leur emprunte leur forme, parce qu'il en a besoin pour se défendre, ou, si l'on veut, pour se travestir, visé qu'il est par un ennemi [1].

Il faut donc que « noire », dans la petite aire où il est *noirte* et *noirde*, ait, pour s'être travesti, une raison particulière, que n'a pas le reste du domaine de la langue d'oui, où l'on ne trouve pas trace de ce travestissement.

Vraisemblablement, cette raison ne remonte pas très haut dans la langue, puisque nous n'en avons pas de trace

---

1. Il ne me paraît pas que les linguistes soient convaincus que le nom de *Dupont de l'Eure* a été autrefois *Dupont*, tout court. Pourquoi, aujourd'hui 20 mars 1920, M. *Henri Mohat* communique-t-il aus lecteurs du *Petit Parisien* qu'il n'a rien de commun avec un M. *Henri Moha*, condamné ?

dans les textes anciens, puisque, géografiquement, son effet se situe avec une exactitude parfaite par rapport à *verte* et *verde* où il nous apparaît encore aujourd'hui — *verte* ne peut faire naître *noerde*, et *verde* ne peut faire naître *noirte* ; une transposition des termes n'est pas possible — puisque, enfin, elle est postérieure à des faits longuement exposés dans mon étude sur les noms de l'abeille.

Quelle est donc cette raison particulière ?

Oire « d'or, dorée » a existé ailleurs que dans la région artésienne, peut-être dans toute la langue d'oui. Il a disparu, absorbé qu'il a été, selon toute vraisemblance, par *noir* (*u*)*ne oire merle* > *une noire merle*) [1]. Que cette absorption d'*oire* par *noire* ne se soit pas produite simultanément dans tout le territoire de la langue d'oui, cela est naturel, j'imagine. Qu'*oire* a persisté dans la région septentrionale de la France plus longtemps qu'ailleurs, cela ressort du fait, pour le moins très probable, que le nom d'*oire merle*, qui désignait primitivement le « loriot » (à plumage doré), et a passé au « merle » (dont le mâle a un bec doré), implique la transparence sémantique d'*oire*, donc la transparence étimologique, laquelle a été détruite, comme *oir* par *noir* ailleurs, ici dans *noire merle* (*une oire merle* — le merle étant un oiseau à plumage noir). Que ce glissement d'*oire* en *noire* ait été, d'autre part — dans une lutte qui, ailleurs antérieure, n'a point produit les mêmes effets ou... ne les a produits qu'éfémèrement et pareillement aus formes *noirtes*, de la disparition desquelles nous venons d'avoir des indices (Vermand) — que ce glissement ait été accompagné d'un glissement inverse, affectant *noire* en lutte avec *oire*,

---

1. Dans notre région l'adjectif se préposait au substantif beaucoup plus souvent qu'il ne le fait aujourd'hui, et il faut tenir conte de cet usage sintactique dans l'évolution fonétique subie par nombre de mots. Nous allons en voir des exemples.

et que ce *noire* affecté ait recouru à *verte* et à *verde* pour devenir *noirte* et *noirde*, cela peut paraître compliqué et cela me paraît cependant... très naturel.

Cette explication est même la seule qui puisse rendre compte de *noirte* et *noirde*, où que ces formes se trouvent — si on les trouve ailleurs — et elle vaut tout particulièrement pour les avoir situées dans la patrie de *nwarmel* « merle »[1].

Quoi qu'il en soit d'ailleurs, il reste un fait acquis, c'est que *noirte* et *noirde* témoignent d'une analogie extorquée à *verte*, *verde*, qui n'en peuvent mais de s'y être prêtés.

*
* *

Voici un cas qui sera plus démonstratif encore de la passivité avec laquelle la même forme *verte* se prête à son rôle réparateur. Il montrera sous un jour de violence extrême l'analogie de forme arrachée par un mot à *verte*, qui sort non seulement de son entourage sémantique, mais de tout rayonnement analogique, dont on pourrait le croire sémantiquement capable. Le mot traité analogiquement paraîtra un décalque de lettres, quoiqu'il soit certainement un décalque de sons, paraîtra une œuvre de scribe, quoiqu'il soit bien certainement, et uniquement, œuvre de parlant.

La géografie linguistique va nous montrer comment un substantif a obligé un adjectif à appuyer sa forme féminine sur *verte*, comment les trois mots *terre*, *tendre* et *verte* sont en rapport analogique, les deus premiers étant formellement

---

1. A ce propos — par infraction à ma détermination de ne point mettre en œuvre mes propres matériaus — je me permès de compléter les formes *nwarmel* d'une forme identique que j'ai relevée, il y a 36 ans, à Hesdin, point tout proche des deus qui ont *noire mère = noir oiseau* = « merle ».

identiques, le troisième étant appelé à disjoindre la forme commune aus deus premiers.

Cette étrange coïncidence formelle d'un substantif avec un adjectif et la confusion sémantique nécessaire pour qu'il y ait eu incompatibilité d'existence n'a pu se produire que dans un unique emploi du substantif (pomme de terre), où, segond élément de la locution, il peut être considéré, formellement, comme un adjectif.

Si la géografie linguistique nous montre que l'aire de l'emploi unique du substantif, à segond élément capable d'être conçu comme adjectif, est en même tens l'aire où l'adjectif appèle *verte* à son secours pour échapper à l'emprise du substantif, elle nous aura fourni une preuve matématique — contre laquelle s'insurgeront en vain tous les linguistes du monde — que l'action analogique, extorquée à *verte*, est une action térapeutique de forme, n'ayant pour base, de part et d'autre, *aucune vertu sémantique*, mais offrant seulement une possibilité pour *tendre* d'être autre chose que ce qu'il était, d'être un adjectif, de substantif qu'il était ou pouvait être.

*
* *

Le latin **tenerum** « tendre » aboutit régulièrement dans les territoires picard et wallon (Somme, Pas-de-Calais, Nord, Wallonie, moitié nord de l'Oise, extrémité occidentale de l'Aisne) à *tenre* ou, par assimilation, à *ter*. Ce double produit résulte, je pense, d'une diffèrence de traitement, sélon que *tenr* est traité comme protonique — il l'était, lorsque l'adjectif se plaçait devant le substantif, cas beaucoup plus fréquent autrefois que de nos jours [1] — et selon

---

1. De là des féminins *blâk* en Wallonie, des masculins *brun'* dans les Vosges, qui dépendent linguistiquement de la Wallonie, quoique séparés par la « trouée de la Meuse ».

qu'il était traité comme tonique — cf. *vendredi*, mais en tenant compte du fait que, dans notre région, le type *divendre* a persisté beaucoup plus longtemps que dans le reste de la France d'oui. Nous n'avons pas à traiter ici de ce sujet.

Ce qu'il nous importe de savoir, c'est que *ter* « tendre masculin », forme unique dans la moitié occidentale du territoire ci-dessus délimité, va en s'égrenant en Wallonie, mais atteint cependant la limite allemande, où sa fréquence s'accentue même.

La forme *ter*, conformément à l'étimologie, est également la forme féminine de « tendre » ; mais, en une petite région de la moitié occidentale, d'une étendue bien moins considérable que celle de *noirte, 'noirde* pour *noire*, elle s'est transformée en *terte*. Cette transformation s'est produite aus points 274, 273, 285, 296 et 284, ce dernier point étant Saint-Pol, dont le parler nous est bien connu grâce au lexique d'Edmont.

Voici ce que nous dit le *Lexique Saint-Polois* :

« *tèr* ou *tièr* (au fém. *tèr* ou *tèrt*) + adj. tendre. Du pain *tèr*, des *tèrt-é pwar* » [« tendres poires » — remarquez que l'adjectif précède encore le substantif].

Ainsi, malgré que *tenre* ait un *r* appartenant à une autre sillabe, il se comporte comme *vert-verte* pour former son féminin.

D'où lui vient la nécessité de se transformer ? Pourquoi ne dit-on pas à Saint-Pol des *ter pwar* ? On le dirait sans inconvénient, puisque : « au fém. *tèr* ou *tèrt* ». *Tèrt*, de l'exemple *tèrt-é pwar*, est dû à un emploi particulier, concurrent de *tèr*, et... analogique (oh ! bien près de son emploi originaire), l'emploi *nécessaire* de *tèrt* pour désigner « tendre féminin » dans la collision *pomme terre* signifiant « pomme de terre » et « pomme tendre ».

Cependant, je suis obligé de convenir que *pomme de terre*

devenait nécessairement *pom ĕd ter*, puis, par assimilation du
d avec *t*, *pom ĕ tér*. C'est le produit régulier que devait donner et qu'a réellement donné *pomme de terre*. Mais, peut-être
existait-il une autre prononciation, négligée, estropiant la
formule étimologique en tendant à la réduire à une unité
lexicale : c'était *pomme-ter*, prononciation qui n'est pas particulière à notre aire *ter* « tendre », elle se révèle ailleurs et
y est *pom terre*, ou y a produit *pot ter* (voir la carte de l'Atlas). Ce parallèle pourrait nous suffire et nous pourrions y
avoir recours. Ce n'est cependant pas ainsi que je me
représente, en Artois, la marche de *pomme de terre* à *pomme-
terre*. Elle est en Artois beaucoup plus naturelle : avant
d'être, ou tout en étant *pom ĕd terre*, la « pomme de terre »
était *pom d'terre*, le heurt des consonnes pouvait être évité
soit comme nous venons de le voir (> *pom ĕ terre*), soit
par *pom-terre*.

J'avoue donc sans scrupule et sans la moindre appréhension de voir mon interprétation exposée à une objection
contradictoire de valeur — bien au contraire — qu'à Saint-
Pol la « pomme de terre » ne se dit pas du tout *pomme-
terre*.

A Saint-Pol, la « pomme de terre » est une *pȇm ĕ tȇr* ou
pȇm ĕd ter, et… elle ne peut pas être une *pomme-terre*,
puisque *tȇr* (« au fém. *tȇr* ou *tȇrt* ») est aussi bien *terre* que
tendre féminin. Nous ne pouvons guère nous attendre à
trouver à Saint-Pol le *cors du délit* (*pomme-terre*) en même
tens que ce qui le remplace ; nous ne pourrions nous
attendre à l'y trouver que parce qu'il est *conditionnellement*
remplacé, et alors sa présence serait en contradiction avec
la raison d'être de *tert* « tendre féminin » : cette contradiction n'existe ni à Saint-Pol, ni aus quatre autres points
ayant *tert* « tendre ». Une *pomme-terre* ne sera plus jamais
une « pomme de terre », mais elle l'a été — ou plutôt elle

l'a été ou ne l'a jamais été, selon qu'on se figure l'intervention de *tèrt* comme prévenant la menace, comme y parant, ou comme remédiant au coup porté par la collision.

Et qu'a-t-on à Saint-Pol à la place de ce *pomme-terre*, ayant existé ou n'ayant jamais existé ? On y a deus formes, ..une dualité lexicale !

Pĕm ĕ tēr, qui est la forme fonétique en laquelle, par assimilation du *d* avec *t*, glisse nécessairement pomme *ed* terre, remontant à *pomme de terre*, fait simultanément avec *tert* « tendre », ou postérieurement à la disparition de *pomme-terre* homonime, et *pĕm ĕd tēr*, qui est la forme étimologique, précieusement tenue à l'abri de toute évolution naturelle, la forme reconstituée pour… jusqu'à demain peut-être, et… reconstituable demain, quand, demain, *pĕm ĕd tēr* sera devenu *pĕm ĕ tēr*.

J'ai dit plus haut que je constatais, sans appréhension pour la valeur de mon explication, l'état actuel de « pomme de terre » à Saint-Pol, bien au contraire.

Peut-être aurait-il été plus habile de ma part de faire précéder l'état saint-polois, où les incidents de la lutte sont mieus connus, plus nuancés, plus conformes à celui que présente une ville, des états résultant d'une enquête auprès d'un seul individu, partant plus absolus, et plus directement approbatifs de notre explication, mais moins conformes à la réalité.

Voici ces états :

Au point 296, « pomme de terre » et « pomme tendre » sont homonimes (*pĕm tēr*).

Au point 273, « pomme de terre » est *pĕm tēr*, mais « pomme tendre » *pĕm tèrt*.

Au point 285, « pomme de terre » est *pĕm ĕ tēr*, mais « pomme tendre » *pĕm tèrt* ou *tèr*.

Au point 274, « pomme de terre » est *pēm ĕ tèr*, mais « pomme tendre » *pēm tèrt*.

Il y avait, dans la région picarde de l'aire *ter* « tendre », trois possibilités d'existence au delà de l'évolution desquelles il y aurait eu nécessairement confusion de « pomme de terre » et de « pomme tendre », confusion d'ailleurs survenue directement par la prononciation *pomme-terre* tendant à réduire le composé à une unité lexicale.

Ces trois possibilités sont :

pomme *de* terre > pomme *éd* terre > pomme *é* terre.

Ces trois possibilités couvrent effectivement l'aire picarde de *ter* « tendre », à l'exception des cinq points 296, 273, 274, 285 et 284, dans les trois premiers desquels « pomme de terre » et « pomme tendre » offriraient probablement un mélange identique à celui qu'Edmont constate à Saint-Pol, si nous en connaissions les parlers, comme nous connaissons celui de Saint-Pol, pris par nous, à juste titre, comme tipique de deus traditions naturelles.

La faculté de réfection de *pomme de terre* exempte le parler d'avoir à lui trouver un substitut lexical ou de recourir à tout autre procédé de réparation : tous les parlers, appelés à admettre et à réparer *pomme de terre*, n'ont pu s'en contenter ; ils n'ont pas pu ou n'ont pas su utiliser cette faculté de réfection, nous allons le voir plus loin.

Un mot, qui voulait échapper à la confusion de *ter* « tendre » et « terre » dans un seul emploi commun (c'est-à-dire dans *pomme ter*), allait-il y échapper par une substitution lexicale, qui s'étendrait à tous les emplois de « tendre » (lequel est le mot soumis à la médication), alors qu'une médication d'une simplicité élémentaire se présentait à cet unique emploi commun, où se manifeste l'intolérabilité de la confusion, alors que la reconstitution étimologique de « pomme de terre », telle qu'elle s'est réellement faite à

Saint-Pol et au point 285, détruisait à tout jamais et confusion et menace de confusion ? Il n'y avait pas lieu de mettre en mouvement toute la « lexicalité » de « tendre » sous les exigences de « tendre » en rapport avec « pomme », il n'y avait pas lieu de recourir à une substitution lexicale, l'accident homonimique étant étroitement localisé en *pomme-ter*.

Terte, remède apporté à une infime partie du cors de « tendre », n'allait pas être appliqué à tout le cors : tout au plus pouvait-il s'épandre sur quelque partie voisine de la partie malade (*terté pwar* « poires tendres », mais « au fém. *ter* et *tert* »). *Terte* est la contrepartie térapeutique de *pomme de terre*, reconstituant de *pomme-terre*, et *terte* n'a d'*excuse* que dans l'imminence constante, je dirai même journalière, d'un glissement de *pomme de terre* à *pom é ter*, forme où la transparence fonétique du mot disparaît — c'est la forme qu'affectent régulièrement les mots à groupe de consonnes imprononçables (..tpw..), ainsi *terté pwar* = « tendres poires », alors que *pom é ter* = « pomme de terre », qui affecte la même forme que *pommes tères* sans s'être présenté dans une collision de consonnes semblables à celle de *terté pwar* — et qui donne ainsi une virtualité passagère, éfémère, mais constamment renaissante à *ter* « tendre féminin » en rapport avec *pomme* (conformément à une succession ininterrompue de *pomme de terre*).

*
* *

Pourquoi, à Saint-Pol, dit-on *des tertes poires* (Lexique Saint-Polois), mais *des pommes tertes* (Atlas, au point de Saint-Pol).

Il n'est pas possible d'établir une différence matérielle de *pomme* et de *poire* susceptible de soumettre ces mots à une différence de traitement quant à la place que doit occuper à leur égard l'adjectif « tendre ».

C'est *blanc bonnet* pour *bonnet blanc*, qui ont été, dans le nord du moins, absolument identiques, il n'y a pas longtens encore. D'où je conclus :

— que *tère pomme* « tendre pomme » aurait été un moyen térapeutique parfait pour éviter la collision de « tendre » avec « terre » dans *pomme tendre* et *pomme de terre*, la formule *terre-pomme* pour « pomme de terre » étant impossible ;

— que la formule *tère poire* était par contre parfaitement admissible, comme réparatrice de *poire-terre*, formation parallèle à *pomme-terre*, la formule *terre-poire* pour « poire de terre » étant impossible ;

— que *tère poire* « tendre poire » était une guérison parfaite, mais une guérison d'un mal qui n'existait pas, puisqu'il n'y a pas de *poire-terre* « poire de terre » ; que si cette guérison existe, sans avoir été précédée de maladie, le moyen térapeutique n'a pu être emprunté à *tère pomme*, « pomme » n'y ayant pas eu recours pour être « pomme tendre » ; que la place prépositive a dû être un moyen térapeutique de libérer le parler d'une confusion de « terre » avec « tendre féminin » ; que *poire* en a usé analogiquement sur le modèle de *pomme*, et n'a pas suivi ce modèle dans l'évolution postpositive à « pomme terte », tout en le suivant dans sa création de *terte*, de sorte que « terte poire » porte la trace de deus remèdes, de deus recours térapeutiques.

C'est ce que je conclus, à moins que la formule *terre-poire* « pomme de terre » ne soit vraiment, non seulement possible, mais réellement ou latemment existante, comme une traduction du type *krôpir* (= *Grundbirne* allemand) qui, vraisemblablement, a eu une vie plus ou moins éfémère dans toute la France d'oui, et qui a la forme parallèle, *poirette*, dans les Vosges. Je rejète cette possibilité pour les deus raisons que voici :

1) Elle ne serait admissible que si l'on admettait la probabilité d'une traduction, dont la parallèle *terre-pomme* (= *Erdapfel*) serait tout aussi admissible, ou (*Erdapfel* n'existant pas dans cette région) dont une forme analogique, *terre-pomme*, serait inévitable, à nos yeus. Elle est à rejeter, parce que *Grundbirne* s'est présenté en Artois sous la forme *crompire*, ou quelque autre semblable, tout aussi peu transparente étimologiquement, et que, d'ailleurs, en Artois, nous ne sommes point en un pays bilingue, comme la Suisse, où un *Bürgermeister* devient un *maître bourgeois*.

2) Elle ne rendrait pas conte de la différence affectant *pomme* d'une part, *poire* de l'autre (« pomme tendre », mais « tendre poire »), et cette objection à l'hipotèse, est, à mon sens, encore plus catégorique que la première.

Elle est si catégorique, que je me dispense de recourir à mon ami Edmont pour obtenir de lui de plus amples renseignements : ceus-ci ne sauraient que limiter, dans des bornes plus ou moins personnelles, l'accès de formes analogiques dans le féminin de « tendre », préciser, à Saint-Pol, l'emploi « du fém. *ter* » à côté du « fém. *tert* », leur emploi respectif à leur étape actuelle, sans infirmer en aucune façon notre point de vue sur l'origine de *tert*, la coexistence de deus moyens térapeutiques, et les capacités analogiques qui se sont déployées dans la lutte lexicale née de la collision de *pomme de terre* avec *pomme tendre*, sans qu'une précision de ce que l'on pouvait attendre de l'extension de *tert*, ou de ce qui dépasse notre attente, puisse en aucune façon influer sur notre explication.

Tĕrt-ĕ pwàr est un témoin de deus opérations réparatrices du même accident. *Tère-poire* était guéri, *terte-poire* est doublement guéri.

Je ne pense pas que l'emploi actuel de l'adjectif pré- et postpositif — lequel ne se laisse ramener que bien imparfaitement à des lois constantes, se ramène, par conséquent, à des lois qui ont été lésées pour des raisons étrangères à leur application intégrale — puisse fournir matière à des objections sérieuses.

Je n'aperçois, au contraire, de quelque côté que j'envisage la question, qu'un réseau de confirmations du point de vue exposé ci-dessus.

Débilité et restrictions dans l'emploi de *tert*, basées sur une opportunité accidentelle, partielle, qui n'est pas une nécessité et qui a été contre-balancée par l'emploi d'un autre moyen, lequel se croise avec celui que représente *tert* en une seule et même forme (*des tertes poires*) : voilà des conditions qui me paraissent accréditer ma solution.

Les termes du problème et sa solution peuvent être ainsi résumés :

On dit à Saint-Pol *pomme terre* « pomme de terre » et *pomme terte* « pomme tendre » contradictoirement à *terre bomme* et à *terte pomme*, mais conformément à *pain ter*.

Terte poire implique l'existence de *tère pomme*, qui ne peut exister réellement, étant contraire à la sintaxe, comme équivalent possible de **terra** *pomme*, mais dont *tère poire* est seul à pouvoir représenter la formule et dont celui-ci est le plus rapproché sémantiquement (pomme : poire) et de *pomme terte* qui existe.

Donc, *terte poire* est doublement représentant de « pomme » en rapport avec « tendre ».

Pain ter est la forme parallèle de *pomme tère* « pomme tendre », qui n'existe pas, parce qu'elle ne peut exister, qu'elle est contraire à la fonétique, comme équivalent possible de *pomme* **terra** — rappelons que, selon nous, *ter* représente le traitement de **tenerum** protonique, c'est-à-dire le traitement de l'adjectif préposé au substantif.

Il faut donc que le pivot du mouvement soit : *pomme ter* déterminant

et la place de l'adjectif par rapport au substantif,
et la création de *terte*,

et ce n'est pas *pomme tèrè* « pomme tendre », car celui-ci n'assigne pas une place déterminée à l'adjectif; ce ne peut être que *pomme terre* « pomme de terre ».

— « Si nous vous comprenons bien, c'est donc l'introduction de la pomme de terre (chose et mot) qui, non seulement a provoqué la création de *terte*, mais a aussi déplacé *tendre* dans son rapport avec le substantif, et vous seriez capable de nous écrire un article qui porterait le titre d'*Influence de l'introduction de la pomme de terre sur la sintaxe de « tendre »* à S. Pol.

— Et pourquoi pas ? Et j'ajoute : bien téméraire serait celui qui objecterait, au développement possible de cette influence de l'introduction de la pomme de terre, qu'il a dû être bien restreint, puisqu'il s'arrête à l'emploi de « poires tendres » et paraît ne pas aller au delà. Du « pain tendre » (par la postposition de *tendre*) ne m'ouvrirait-il pas une voie vers un déploiement de l'influence que « poires tendres » semble vouloir obstruer, limiter au plus proche voisin de « pomme », ne trouverais-je pas en *pain ter* une tangente, qui me permettrait de m'évader du cercle étroit où *tertes poires* veut me reléguer ?

Bien téméraire serait celui qui dénierait à la cintaxe moderne des états patologiques et des états restaurés. Je dirai même : à quand la sintaxe réparatrice ? Quand on aura enfin introduit dans la linguistique l'usage du microscope et relégué dans nos musées les vieilles bésicles dont on s'est servi jusqu'ici.

****

Dans la moitié occidentale de *ter* « tendre », où ce mot n'est pas en concurrence avec la forme *tenre* — mais seulement dans sa forme féminine, et, en une petite aire centrale, avec *tert*, aire qui apparaît d'ailleurs morcelée en deus — nous avons dit que « pomme de terre » existe sous une forme qui reste étimologiquement transparente (pomme *de* terre, pomme *éd* terre, pom *é* terre) et peut coexister avec *ter* « tendre », la troisième forme, pomme *é* terre, étant cependant, du moins dans le voisinage de Saint-Pol, d'un état précaire vis-à-vis de *ter* « tendre », aussi précaire qu'il l'est à Saint-Pol même (*terlĕ pwar* « tendres poires » et *pom ĕ ter* « pomme de terre »). De là une question qui se pose immédiatement à l'esprit : ces parlers de l'aire *ter* « tendre » représentent-ils une tradition ininterrompue de **tenerum** latin, ou ne représentent-ils pas plutôt un retour à l'état étimologique de « pomme de terre », absolument identique à celui que nous avons constaté à Saint-Pol. N'ayant aucune autre raison à faire valoir que ne connaisse déjà le lecteur, je m'abstiens d'émettre mon propre jugement.

Il serait de mon devoir peut-être de poursuivre nos recherches dans la moitié orientale de *ter* « tendre », où ce mot pourrait avoir été en conflit avec « pomme de terre ».

Je ne remplirai ce devoir qu'imparfaitement : aussi bien ai-je achevé de parler de la formation *tert*, qui était l'objet de la discussion, et qui ne nous apparaît plus dans la moitié orientale de l'aire.

Encore s'agit-il de dire pourquoi il n'apparaît plus.

Je me contenterai de situer les problèmes que pose cette partie de l'aire *ter* « tendre », plutôt que je n'en proposerai des solutions définitives.

Sortant du Pas-de-Calais — et de l'aire *tert* en même temps — nous nous trouvons, dans le département du Nord, en face des états de choses suivants :

1) Aucune confusion de « pomme de terre » et de
« tendre » : *terre* y est régulièrement, à la façon originairement wallonne, *tierre* ; « tendre » y est *ter*, et « pomme »
v est *pæ̃* masculin. Ainsi 281, 282.

2) « Pomme » est *pĕ* masculin, « terre » est *tĕr*, conforme
à *ter* « tendre ». Recours analogique à *vert* inefficace.
« Pomme de terre » est *pĕ d tĕr*. Donc « pomme de terre »
s'est préservé d'un glissement fatal, ou — selon le jugement
du lecteur, auquel je me réfère plus haut — s'est réétimo-
logisé. Ainsi 295.

3) Les trois autres points du département du Nord et les
trois points de Wallonie qui les avoisinent au nord, dont
deus (290, 292) ont *tĕr* et *tār* « tendre », ces sis points
sont à l'abri de toute confusion, ayant pour « pomme de
terre » un terme ancien, dont la persistance doit être expli-
quée comme celle que nous constatons dans tout le reste
de la Wallonie, à l'exception des deux points 294 et 293,
dont il est question ci-dessous.

4) Le point 294 a *pæ̃* « pomme », *pæ̃ tĕr* « pomme tendre »,
et, à côté de *patate* « pomme de terre »... *pæ̃ĕ tĕr* [1]).
Voilà ce qui reste de *pon de terre,* glissant à *pon terre* par *pon
ed terre* > *pon é tĕr* et que *patate* vient sauver du naufrage
complet!

Le point 293 a *pæ̃* « pomme », *pæ̃ tĕr* « pomme tendre »,
et... *pæ̃ n tĕr* « pomme de terre », autre échappatoire (plus
résistante, paraît-il ?!), si l'on en jugeait — ce que nous ne
faisons pas — par l'absence d'un substitut de « pomme de
terre ». Cf. *vĕd* des pommes > *vĕn* des pommes.

5) Dans tout le reste de la Wallonie, où réapparaît *pomme*
« pomme », plus trace de *pomme de terre,* et, par conséquent,
plus trace de confusion avec *ter* « tendre ».

---

1. J'invite le lecteur à admirer la notation d'Edmont.

Ici se présente le problème que nous croyions avoir résolu ou « solutionné »[1] dans la *Généalogie des mots qui désignent l'abeille* (p. 7) et que, en le complétant, nous « résolvons » ainsi : *pomme de tierre* était impossible, puisqu'il était « pomme de montagne, de tertre ». Aus points 281 et 282, ci-dessus mentionnés, *tierre* ne saurait guère avoir désigné « montagne, tertre », et voilà pourquoi on y a trouvé *pomme de tierre* dans l'aire de *ter* « tendre ». Au point 282, à la question « terre », on a répondu à Edmont *tèr* ; au point 281, on lui a répondu *tèr* et *tyèr*.

Et ce *tyèr* est, d'après l'Atlas du moins, dans tout le nord de la langue d'oui, dans tout le wallon, qui possédait cette forme bien régulière, bien fonétique,... le seul témoin autoctone de **terra** latin, la seule arche du pont qui relie encore, à cet égard, le wallon au vosgien, — où « tertre » n'a pas été en collision avec **terra**, — lequel était autrefois d'un seul tenant avec le wallon, et où cette forme a été préservée de la catastrofe qui s'est produite en Wallonie.

Tierre ayant été remplacé par *terre*, *pomme de terre* devenait possible en Wallonie, et même n'était pas menacé, puisque, généralement, la préposition *de* allait y apparaître sous des formes telles que *di*, *du*, etc. De là les conclusions :

1) ou *pomme de terre* s'est présenté à une époque où *tierre* n'était pas encore devenu *terre* ;

2) ou bien le wallon est tombé dans la confusion constatée

---

1. « M. Caillaux n'est point un musicien. Mais c'est un styliste. Il parle dans un style choisi, irréprochable et classique. Son langage, qui est toute correction, ne se débraille pas. On ne trouvera jamais chez lui la lourde faute de français, ni l'expression maladroite, infidèle ou barbare. Il ignore le patois administratif. Il ne dira point qu'il *solutionne* des problèmes. Il parlera seulement français. S'il doit employer un mot illégitime ou d'argot, il s'excusera au préalable, avec mille précautions » (*Petit Parisien*, 21 février 1920).

à Saint-Pol (*pomme-ter*), et, alors, a eu recours à un remède — équivalant en efficacité à celui de Saint-Pol (réfection de *pomme de terre*) — qui oppose l'ancien matériel lexical (*patate, truffe,* etc.). Selon cette hipotèse, *pom'd'terre* serait entré dans le parler, avant qu'il ait été remédié *uniformément* au heurt de trois consonnes par l'introduction d'un son vocalique (*di, du,* etc.); il autait sombré avant d'avoir éteint, durant sa vie, éfémère comme nous l'avons dûment constaté, l'ancienne terminologie que l'on réhabilite — ce qui valait bien autant qu'une réfection de *pomme de terre,* d'autant plus que celle-ci ne pouvait pas partout en Wallonie rester préservée d'une rechute.

*
* *

De l'analogie, en dehors de celle qui a pour but de restaurer le lexique, il restera fort peu de chose sans doute, si l'on veut nous concéder — concession bien naturelle — que l'*isolement* est, dans la vie lexicale, un état patologique, et, par conséquent, le ralliement un état réparateur.

C'est sous ce jour d'état patologique que m'apparaît la multiplication, l'éparpillement des formes verbales, représentant en des actions diverses, une même fonction. A cet état patologique, il pouvait être remédié par l'analogie, et l'histoire de la langue nous en retrace abondamment les effets.

C'est sous ce jour que m'apparaît notamment la multiplication des formes des verbes irréguliers au parfait défini et à l'imparfait du subjonctif, où l'état patologique était le plus sensible, disons même le plus intolérable. D'ailleurs, cette multiple représentation n'était-elle pas, souvent, inopérante dans ses fonctions verbales de tens (dans *je dis* et *je dis, je ris* et *je ris,* dans presque tous les verbes en *..ir*) ou, parfois, inconséquente (*je vis,* mais *je pourvus*).

Lorsque l'état patologique se présentait, non plus seulement sous forme de quelque individualité lexicale, pareille à celles dont il est question dans cet article, mais de catégories entières, d'une masse *indivise*, à laquelle il fallait porter remède — à une époque où la langue du peuple s'attribuait de plus en plus des prérogatives dans la direction de la langue, et trouvait trop compliquée, difficultueuse, fastidieuse et déraisonnable l'hétérogénéité des passés définis et impafaits du subjonctif des verbes irréguliers — cet état patologique se trouva en face de deux alternatives térapeutiques qui étaient :

I) L'analogie, d'origine exclusivement patoise, réparatrice de la diffusion formelle à tel point que les formes les plus revêches du passé défini et de l'imparfait du subjonctif des verbes auxiliaires, elles-mêmes, s'y plièrent parfois (*j'ayis* « j'eus », *que j'ayisse* « que j'eusse »). C'est l'état patologique des verbes irréguliers qui a été le foyer du mouvement ; mais ce mouvement, par l'identité des fontions verbales de tens qui unit indissolublement les verbes réguliers aux verbes irréguliers, entraînait, simultanément et infailliblement, les verbes réguliers. Et ce qui — sans l'identité de fonctions — aurait pu n'être qu'un ample mouvement devait, nécessairement, devenir une révolution.

Or, cette révolution, si elle était possible dans des parlers populaires, qui se renfrognaient de plus en plus dans un milieu social linguistiquement inférieur, elle n'était pas possible dans le milieu parisien.

J'ays, je soyis, je chantis, j'apercevis, que j'ayisse, que je soyisse, que je chantisse, que j'apercevisse n'étaient pas possibles dans un milieu, si populaire qu'il fût, où, côte à côte avec lui, dans un monde lettré, on continuait — et continue jusqu'à nos jours — à dire *j'eus, je fus, je chantai*, etc.

Malgré l'équivoque existant au singulier des présents de l'indicatif et des passés définis *je finis, je fuis*, etc., équivoque qui n'existait pas pour les autres conjugaisons, ce sont ces formes, avec celles du tipe *je rendis*, qui ont exercé l'analogie dans les parlers populaires de la province.

Il faut croire — faisant abstraction de la conjugaison en ..*oir* qui est morte, - que le passé défini de la conjugaison en ..*er* avait le tort de ne pas présenter, comparée à l'imparfait, une distinction assez nette pour une fonction qu'il importait de maintenir, et ne pas admettre, en faveur du chois qu'ils ont fait des verbes en ..*ir* et en ..*re* l'hipotèse d'un pont fonétique reliant l'état ancien à l'état nouveau.

L'analogie étant la seule ressource térapeutique pour sauver une fonction verbale de tens et de mode, et la langue parisienne ne pouvant s'y soumettre, par la faute de son incapacité émancipatrice, due, sans doute, à l'influence rétrograde et rétroactive de son milieu littéraire, il ne restait que la segonde alternative :

II) L'amputation des fonctions, leur éparpillement sur des représentations d'autres fonctions. Perte regrettable, peut-être, perte irréparable, qui, d'ailleurs, n'est pas encore consommée dans la langue exclusivement littéraire, mais s'y accentue tous les jours ! Est-elle compensée par une plus grande simplicité, une plus grande clarté, une plus grande « compréhensibilité », et ces qualités ont-elles été acquises au détriment de la beauté du langage ? Je ne me permès pas d'en juger.

Les parlers populaires, humbles sujets de la langue littéraire, abandonnent de plus en plus et les formes et les fonctions de ces tens. Un supplément de l'Atlas nous en montrera les restes tels que M. Edmont a pu encore les recueillir.

En présence d'une masse indivise, devenue inopportune,

et dont les éléments faisaient tous les mêmes fonctions, quoiqu'ils fussent tous formellement différents, les deus traitements que la langue a subis me paraissent les seuls indiqués, les seuls possibles, les seuls naturels, et leur application me paraît absolument conforme aus milieus où elle s'est faite.

L'intensité de l'inopportunité de multiples radicaus verbaus, tels que les présentaient les verbes irréguliers, se mesure à la violence des moyens térapeutiques employés pour les écarter. Ceus-ci sont caractéristiques de la crise subie par la langue.

Ces faits d'analogie et de suppression de fonctions étaient à prévoir, comme est à prévoir, à l'heure qu'il est, une revivification des fonctions par le déploiement de tens surcomposés ; la géografie linguistique aura encore, dans les français populaires, de beaus trionfes à célébrer, en observant ce qui va se produire à cet égard.

Je considère l'analogie comme l'un des principaus facteurs de la térapeutique verbale, sinon comme le principal.

L'analogie a-t-elle d'autres fins, d'autres raisons d'être ?

APPENDICE

« *Meure*, prononciation conservée dans quelques patois, altérée en *mûre*, à ce qu'il semble, sous l'influence de l'adj. *mûr* » (D. G.).

On voit par cette explication que l'analogie peut être invoquée comme opérant en sens contraire de celui que j'admès : ce serait **matura** qui agirait sur **mora** et je dis que c'est **mora** qui agit sur **matura**, les matériaus de l'Atlas, interprétés par la géografie linguistique, montrant un **matura** qui change de forme, qui est obligé de s'adjectiviser

mieus, pour échapper à l'emprise de **mora** dans une région
où **matura** et **mora** se sont confondus en une même forme
mœr.

L'analogie est la térapeutique caractéristique de l'adjectif
en conflit homonimique avec un substantif féminin : pour
se tenir à l'écart de celui-ci, l'adjectif revêt une forme
flexionnelle de combat, qu'il emprunte, ne l'ayant pas étimologiquement. Le procédé est simple.

Mais ce n'est pas pour proclamer un trop facile succès à
l'actif de la géografie linguistique que j'ajoute un appendice
à mon article sur *l'analogie réparatrice* : c'est pour démontrer l'abus qui a été fait du nom de l'analogie par les fonéticiens en mal d'interprétation.

Cet abus est tel que toute autre solution de difficultés
fonétiques, si simple soit-elle, leur échappe ; car... l'analogie est là pour tout expliquer. L'analogie de **matura** sur
mora n'a pas le sens commun.

Dans le cas qui nous occupe, nous voyons un fonéti-
cien escamoter la difficulté fonétiqué par une formule, fort
simple d'apparence, mais tout à fait irrationnelle (*meure,
meurier* > *meure, mûrier* > *mûre, mûrier*) et que paraît
approuver le *Rom. etym. Wörterbuch.* Y eût-il des textes qui
auraient le stade intermédiaire *meure, mûrier,* que je ne
pourrais admettre l'évolution proposée : l'analogie joue ici
un rôle tout aussi irrationnel que dans le cas précédent ;
car je n'admès pas que, dans un pays où le *mûrier* n'est
guère connu que par un vague ouï-dire, la *meure* de *ronce,*
bien connue, soit influencée par le nom d'un arbre du
Midi. L'analogie de *mûrier* « arbre à mûres » sur *meure*
« mûre de ronce » n'a pas le sens commun.

Mais, lâchons leur idole, et voyons comment les fonéticiens posent le problème de *mûre.*

« Au xiv⁰ siècle, et surtout au xv⁰, mais autour de Paris,

non à Paris, le son *eü*.. se réduisit à *eu*... à Paris on prononçait *sur* (**securum**), *hur* (**augurium**). La prononciation
de Paris a triomphé, sauf pour *feu, heur* et *jeun* » (D. G.).

Fort bien ! Voilà le problème posé, et la solution amorcée. Nous ne pouvons qu'en approuver les termes.

Il y a eu lutte entre Paris, où l'on disait *u*, et les alentours, où l'ont disait *eu*, et Paris a dû se retirer partiellement devant ses alentours (*feu, heur, jeun*). Mais alors que
signifie la frase qui suit :

« Inversement *meure*, de **mora**, est devenu *mûre*, peut-
être par confusion avec le fém. *meure, mûre* de **matura**, et
seur, de **super**, est devenu *sur* » (D. G.).

La seule solution qui se présente à mon esprit, et sans
autre considération que celle que m'inspire la donnée du
problème, est celle-ci : comme il arrive dans les cors-à-cors,
on tire, presque fatalement, sur ses propres troupes, en
voulant atteindre les troupes ennemies ; en tirant sur *seur*
(**securum**), etc. Paris a tiré sur *meure* (**mora**), qui faisait
partie de ses propres troupes. Tout cors-à-cors aboutit à de
pareils accidents, même en fonétique. Cette maladresse
coûte à Paris : l'homonimie *mûre*. On me dit qu'il l'a
cherchée ; je n'en crois rien : la langue ne va pas chercher ici, ce que, là, elle cherche à éviter.

Oh, analogie... !

La collision de **mora** avec **matura** en *mœr* est régulièrement fonétique en picard.

A l'encontre du français de Paris qui, impénitent, persiste
dans sa collision, le picard y échappe bilatéralement : de
là *meuron* — dérivation *réparatrice* — et le féminin de l'adjectif *meurte*.

Décontenancés, désorientés par ce mouvement lexical,
certains parlers disent *mœrt* pour « **mora** » et pour
« **matura** ». Confusion bien explicable, sans que l'on ait
besoin de recourir à une explication par imitation de Paris.

En Wallonie, où la forme *mûre* réapparaît, il y a, le long
de la frontière *meure-mûre* (**mora**), en quatre points, trois
formes enfantines très curieuses, et bien explicatives des
états du milieu desquels elles sont sorties — les fruits sau-
vages, peut-être encore plus que les fruits cultivés, se
prêtent tout particulièrement au genre des créations enfantines.

Le tipe en est *mumûre*. Il faut se garder d'y voir le pendant de *pomme-pomme*, créé pour distinguer la « pomme-
fruit » de la « pomme de terre », toutes deus confondues
en *pomme* — on ne dit pas *mûrmûre*.

Pomme-pomme n'est nullement un terme enfantin : le
composé enfantin serait et est réellement *popomme*, et
désigne la « pomme », que celle-ci soit « pomme-fruit »
ou « pomme de terre » (cf. *pépère*, *mémère*).

Nos trois formes sont :

> *mœmœr*, né dans l'air *mœr* ;
> *mœmur*, né dans une aire hibride — de nature
> originairement picardo-wallonne, ou originai-
> rement picardo-française, je ne tranche pas la
> question ;
> *mumur*, né dans l'aire *mûre*.

En deus points, le composé est masculin, sous l'influence
de *meuron*, masculin, qui est aussi de la région, et y est un
dérivé *réparateur* d'homonimie (en cas de modification bila-
térale).

Seule… la forme *mumœr* manque …) …r'au. Et pour
une bonne raison : aucun parler, quel 〈…〉 soit son milieu,
ne crée des *métacronismes*.

LA FONÉTIQUE ARTIFICIELLE

I. — FRANÇAIS *vierge*.

Les fonéticiens ont déployé tant d'art à établir leurs règles et les exceptions à leurs règles, et tant d'artifices pour les faire paraître naturelles, que, pour eus, il n'y avait pas lieu d'admettre dans la langue elle-même l'existence de l'artifice.

Ils reconnaissent que le mot *vierge* ne s'est pas plié à leurs lois, n'en expliquent pas l'exception, et ils le mettent dans le casier qui porte l'étiquette : mot savant. Tout est dit par là. Sortons-le de ce casier, quitte à l'y replacer avec une mention qui motive sa place.

La forme latine devait nous donner *verge*, comme en provençal ancien (différence de prononciation mise à part), comme elle l'est encore, nous dit-on, en gascon (*berge*) — et le serait partout dans le Midi, si le Midi ne se présentait pas souvent sous le jour d'un parler français, et n'étalait pas des tares françaises, dont sa langue ancienne était exempte ;

Que *verge* français existe dans des textes ou n'existe pas : peu m'importe. Ce que je sais, c'est que, si j'avais vécu il y a plusieurs siècles, et que j'eusse écrit à cette époque, je n'aurais pas transmis ce mot à la génération actuelle, chargée de le faire figurer dans ses études sur l'histoire de la langue.

En effet, **virga** latin devenait en français ce que **virgine**.

Par contre, **virga** latin devenait et est *verga-vergo* en provençal et ne s'est point télescopé avec **virgine**. On voit que ce n'est pas d'aujourd'hui que datent les homonimies intolérables, et que les fonéticiens ont beau se débattre contre la vérité aveuglante des effets produits par les collisions lexicales : ils ne font que se rendre ridicules aus yeus de tous ceus qui ne sont pas enrégimentés dans leur secte.

Comment sortir de cette collision *verge* = **virga**, **virgine** bien compromettante, ou même — pensez à l'aveu que je viens de faire — comment y obvier, avant qu'elle ne se produise ? Ne nous laissons pas égarer par les multiples formes qui chevauchent et sur le tipe savant et sur le tipe populaire, et montrent l'embarras homonimique d'autrefois (v. Godefroy) ; tenons-nous-en à la donnée précise offerte par l'état actuel du mot.

Y obvier par une substitution lexicale ? Comme s'il s'agissait d'un *merle* [1] ? Rompre avec la latinité, rompre avec le romanisme, rompre avec la langue de l'Église, de la chrétienté ?

Oui, nous avons *pucelle* ; mais l'histoire de ce mot nous montre l'abus que la langue en a fait, tandis que l'Église maintenait **virgo** haut au-dessus des fantaisies sémantiques et à l'abri de tout ce qui aurait pu être soit une souillure, soit une extravagance.

C'est ici que se montre l'ingéniosité de la langue, qui ne peut recourir à ses moyens térapeutiques habituels, qui ne peut recourir ni à la substitution lexicale, car l'objet patologique ne s'y prête pas, ni à l'analogie réparatrice, car l'objet patologique ne s'y prête pas davantage. « **Virgo** » ne peut que se rejeter dans le sein d'où il est sorti.

Pour avoir été réellement *verge*, ou pour avoir été

---

1. *Généalogie des noms qui désignent l'abeille.*

menacé de le devenir, « **virgo** », par un crochet brusque, se détourne, fait volte-face et rejoignant **virgo**, apparaît à nos yeux sous la forme *vierge*, qui, avec sa diftongue *ie*, participe de **virgo** et du *verge* redouté ou repoussé[1].

Vous pensez peut-être que le provençal, ayant *verge* intact de toute collision, l'a gardé, que vous trouverez intacte la tradition provençale dans le provençal actuel. Ce serait le cas, si le provençal moderne était le fils légitime du provençal ancien. Détrompez-vous : dans le dictionnaire de Mistral, la proportion des formes *verg*.. à celles de *vierg*.., dans « vierge » et ses dérivés, est de 5 à 29, sans tenir conte du nom de femme *Viergino* « Virginie », ni du tabac de Virginie, qui, après avoir passé par Paris, est devenu du tabac de *Vierginio* « pays d'Amérique » (comme la « virgule » : *viergulo*, *virgulo*, tandis que toute la dérivation de « **viridis** » est indemne de diftongaison — sujet fonétique à méditer[2] !).

Mistral dit *vierginau* pour « *virginal* » que dit le français : la langue de Mistral est plus parisienne que celle de Paris, elle a souffert d'un mal qui était inconnu au proven-

1. [Dans mon *Manuel de phonétique*, que M. Gilliéron ne connaissait pas, j'explique *vierge*, au § 119, par la fusion de l'ancien proparoxiton populaire *vergene* et de la forme savante *virgene*. On rencontre en effet la forme *viergene*. Mais je ne fais aucune difficulté d'admettre que, pour la raison indiquée par M. Gilliéron, *verge*, issu de *vergene*, a pu subir directement l'influence du latin *virgo*.] — L. C.

2. Si *Virgile* se présentait sous le même aspect que *virgule* — « virgule » est étimologiquement considéré comme l'est *virgula* provençal, qui devient, de fait, en provençal de Mistral, soit *virgulo*, soit *viergulo* — il deviendrait *Viergéli*, *Virgile*. Il ne devient pas *Vierg*.., parce que, pas plus que *Virgile* n'est français, *Vergile* n'est provençal. Il sera... ce sous la forme de quoi on nous le présente :

Vergéli, *Virgile* et *Bergil* en gascon (où il affecte la forme la plus populaire !), et l'adjectif de Mistral sera *vergelian* « virgilien » (et non *viergelian* comme est *vierginau* « virginal »).

Il a suffi que le gascon eût *b* au lieu de *v* pour que *Virgile* et *vierge* y

çal et elle en a souffert dans des mots où le parisien n'en a pas souffert ; elle donne une forme populaire à un mot qui ne l'a pas en français.

L'emprunt de la forme française *vierge* en remplacement de la forme provençale — alors que celle-ci ne peut guère avoir cessé d'exister dans le peuple — me paraît prouver que l'oreille provençale a partagé la répugnance de l'oreille française, à la suite de la pénétration du français en provençal. *Verge* répudié pour raison nationale est sauvé par le traitement gascon du *v* (*berge*).

*
* *

Mais — admettant que l'on ajoute foi à mon explication — *vierge* n'est, sans doute, direz-vous, qu'un cas singulier dans l'histoire de la langue française, un cas de nécessité unique — admettant encore que l'on ajoute foi à la substitution lexicale et à l'analogie comme moyens propres à réparer la langue.

J'ai dit la détresse de la langue en face d'un mot irremplaçable, j'ai prétendu que cette condition lexicale était nécessaire, pour que joue la fonétique artificielle en lieu et place des moyens habituels, ausquels a recours la langue en détresse.

Je n'ai pas pris au sérieux — on a dû s'en douter — toutes les opérations provençales dont témoigne le dictionnaire de Mistral, et dont nous aurons encore l'occasion de constater la nature fantaisiste.

affectent une forme plus régulière, plus populaire que dans la langue mistralienne !

Si le pays de Virginie devient *Viergìnio* en provençal de Mistral, alors que *Virgile* n'évolue pas dans ce sens, c'est que la transparence fonétique joue un rôle dans *Virginie* qu'elle ne joue pas dans *Virgile*.

Il me faudrait donc, pour convaincre de la nature de la fonétique artificielle, trouver quelque autre cas de mot apparemment irremplaçable au moyen de la substitution et de l'analogie, et remplacé par quelque forme due évidemment à la fonétique artificielle; mais il faudrait que ce remplaçant fût originaire, autentique, et non contrefait.

A la place d'un mot semblable à *vierge*, j'ai trouvé toute une famille de mots qui lui étaient semblables, et j'ai cru tout d'abord que, conformément à ce que je cherchais, cette famille me permettrait de démontrer, comme *vierge*, la vérité de la tèse d'après laquelle la langue a eu recours à la fonétique artificielle seulement lorsque toute autre médication venait à lui faire défaut.

Il s'est trouvé que mon segond cas était tout autre que le premier : la fonétique artificielle s'y montre bien aussi comme conciliatrice de deus éléments disparates (*verge* : **virgo** > *vierge*) ; mais, dans mon segond cas, elle n'est pas une médication, elle n'a rien de térapeutique, elle crée un troisième milieu à côté des deus autres, parallèlement à eus, et, dans cette condition, elle acquiert une importance beaucoup plus grande. Elle prent place à côté de la fonétique fisiologique, à laquelle elle pourrait fort bien avoir à disputer des postes, que cette dernière pourrait n'occuper qu'indûment, au détriment de la première, et en vertu d'un accaparement illégitime, sanctionné par les fonéticiens.

*
* *

II. — Suffixe ordinal -IÈME.

Le problème que nous pose la naissance du suffixe ordinal *-ième* révèle, mieus encore que celui de *vierge*, l'im puissance de la fonétique actuelle opérant dans son cadre étroit.

Le problème n'est pas aisé à résoudre : ce n'est qu'après de longues réflexions, après avoir mûrement pesé la valeur d'objections qui m'ont été faites par M. Clédat, après avoir tenté de multiples combinaisons, dont plus d'une me fait maintenant sourire, que je suis arrivé à une solution qui me satisfait.

En présence d'une trinité lexicale *-i(s)me*, *-e(s)me*, *-ie(s)me*, dont les membres, quoique dans un rapport de dérivation fonétique manifeste, apparaissent dans les textes français collatéralement et des siècles durant, il ne faut pas s'étonner que la fonétique actuelle ait été prise au dépourvu, et que, pour ne pas avoir reconnu l'existence de la *fonétique artificielle*, elle ait fait manœuvrer à hue et à dia sa ressource suprême, l'analogie, au point de lui ôter tout caractère d'agent psicologique.

Voici, par exemple, comment le Dictionnaire général rent conte de la naissance du suffixe ordinal *-ième*. Nous accompagnons son exposé de nos remarques, que nous mettons entre crochets.

« Ce suffixe [il s'agit d'*-ième*], que nous allons retrouver
« dans tous les noms d'ordre, est au XII⁰ s. *isme* ou *ime* [l's
« s'étant « amuïe devant *m* avant le milieu du XI⁰ s. »
« (D. G.) *isme* et *ime* sont identiques] et quelquefois *iesme*
« [cet *iesme* est absolument inexplicable si l'on ne sait pas
« — ce que tait le D. G. — qu'on a aussi *esme*], au XIII⁰ s.
« *iesme* [concurremment avec *esme*, *isme* et *ime*], plus tard
« *isme* [revenant à la charge après avoir disparu ?] (Note :
« d'où vient cette terminaison ? *Isme* et *ime* sont sûrement
« antérieurs à *iesme* [quoiqu'il soit du XII⁰ s. et qu'*isme*
« réapparaisse après le XIII⁰ s. !]. Comme on rencontre les
« deux formes en même temps, *isme* avec *s* et *ime* sans *s*,

« on peut admettre l'action analogique de *prime* [*isme* ne
« devient-il pas tout seul *ime* « avant le milieu du xie s. » ?
« — *prime* exerce une influence sur d'autres ordinaus, alors
« qu'il est supplanté lui-même par *premier* !] d'une part, et
« d'autre part de *sisme* [qui, =*seximus* (D. G.), signi-
« fie « sixième » d'après le D. G., et « septième » d'après
« Godefroy — singulier agent promoteur de formes ordi-
« nales !] et surtout de *disme* [qui ne reste pas *dismè* et
« devient *disisme* !]. Quant à *iesme*, la plus récente de ces
« formes [quoique apparaissant dès le xiie s. ?], on a pro-
« posé d'y voir l'influence de la forme de l'Ouest *diesme*
« pour *disme*, de **decimus**) [et, ainsi, Paris a reçu son ordi-
« nalité en *-ième* d'un parler de l'Ouest ! tant d'efforts
« *parisiens* aboutissent à construire toute l'ordinalité d'après
« une forme patoise... qui, d'ailleurs, n'est pas plus patoise
« que parisienne]. Ce suffixe, appliqué à *dous*, donna *dou-*
« *sisme, dousime, dosisme, dosime*; puis *dous*, devenant *deus*,
« *deux*, donna *deusiesme, deuxiesme, deuxième.* » [Quel gali-
matias ! Peut-on trouver matière plus propre à inspirer un
auteur comique qui se donnerait pour tâche de tourner en
ridicule la science fonétique ?] Suit, dans le D. G.,
l'examen des évolutions sémantiques de **tertius** à **decimus**,
évolutions qui témoignent de l'éparpillement sémantique
de l'ordinalité latine et qui aggravent leur incapacité à
persister comme ordinaus. De ces unités ordinales il ne
nous est resté, en tant qu'ordinaus, que les substantifs
fractionnaires *tiers* et *quart*, non ramenés aus formes en
-ième, comme les autres substantifs fractionnaires (*cinquième,
centième*, etc.), parce qu'ils constituaient avec *demie* ou *moi-*
tié l'ordinalité fractionnaire la plus usitée.

*
* *

L'ordinalité d'hérédité latine était surannée dans une langue moderne ayant pris conscience de son individualité grammaticale. Que signifiait cette collection d'antiquailles dépareillées servant à exprimer une seule et même fonction, parallèle à celle qu'exprimaient les cardinaus et à laquelle la broyeuse fonétique l'avait rendue étrangère ?

Elle était semblable au prétérit simple dont le polimorfisme a été, beaucoup plus tard, la cause de sa disparition.

Notre ordinalité actuelle en *-ième*, qui est complètement parallèle à toute notre cardinalité, sauf dans son unité *premier*, on a cherché — ainsi le D. G. — à la faire remonter à des formes de l'ancienne ordinalité qui, grâce à leur fréquence ou quelque autre prérogative, auraient exercé une analogie sur les autres. Je le comprens : d'où pouvait, en effet, jaillir une nouvelle ordinalité, sinon de l'ancienne ?

Nous avons de puissants indices nous portant à croire que la nouvelle ordinalité en *-ième* ne peut reposer sur une simple expansion de certains ordinaus anciens. C'est l'uniformité avec laquelle son suffixe *-ième* se soude à tout le cors de la cardinalité, sans qu'aucun ordinal ancien, censé régir la nouvelle ordinalité, garde son ancienne forme : si *di(s)me* est censé avoir régi tout ou partie de l'ordinalité nouvelle, comment devient-il lui-même *disi(s)me* ? Autosuggestion ? si *centesme* (**centesimum**) est censé avoir pris part à la formation de l'ordinalité nouvelle (en produisant un *-esme*, nécessaire avec l'*isme* de *disme* pour expliquer *-iesme*), pourquoi est-il remplacé par *centisme* ? La formation en *-ième* se fait uniformément en dépit des conditions d'existence grammaticale diverses où se trouvaient les anciens ordinaus : elle se juxtapose à *second*, enjoignant à celui-ci une fonction nouvelle, elle se juxtapose à *premier* (Appendice A. « Premier, second, dernier »). Est-ce ainsi que se comporte une famille numérale, née analogiquement à certain ou certains de ses membres ? Est-ce ainsi que se présentent, travaillées par l'analogie, la numéralité collective (*centaine-millier*), la numéralité proportionnelle (*simple, double, triple-quadruple*), la numéralité fractionnaire (*demie, tiers, quart-cinquième*) ?

Oui ! la nouvelle ordinalité en *-ième* est bien faite de débris inertes de l'ancienne, mais de débris auxquels une circonstance toute fortuite est venue prêter une âme (Appendice B. *Disme* et ses composés). Elle a une âme morfologique qui pénètre toute la cardinalité... sauf l'unité cardinale qui ne peut s'en animer. L'ordinalité récupère cette âme, qui avait cessé de se manifester bien avant la naissance du français.

Pour la recouvrer, il n'a fallu... qu'une étincelle. Il n'a fallu qu'une fantaisie de lettrés pour faire naître toute une famille de mots, toute une ordinalité : l'emprunt savant, bien imprévu, du suffixe latin **-issimum**.

Ce suffixe **-issimum** > *-isme* a servi à superlativiser certains adjectifs qualificatifs seulement, plus particulièrement voués à être employés enfatiquement (*saintisme, grandisme,* etc.). Il devenait populairement *-ime*, suivant une loi fonétique, fonctionnant déjà « avant le milieu du XIe s. », mais non périmée, mais toujours efficiente — ces lois existent —, comme plus tard on voit *catéchisme* devenir *catéchime, cataplasme* devenir *cataplame*[1]. La restriction de l'emploi d'*-isme* superlatif à certains adjectifs qualificatifs seulement a son pendant exact dans celle du plus moderne *-issime*.

Sainti(s)me, grandi(s)me pénétraient-ils en français avec leur acception latine primaire, qui est celle de la superlativité relative et non celle de la superlativité absolue, à

---

1. Ici à Douanne (canton de Berne), village allemand voisin de la frontière linguistique : *čartéplåm* ; à Neuveville, petite ville française à 7 kil. de Douanne : *cataplame*.

laquelle la première doit fatalement s'abaisser ? (Appendice C. Superlativité absolue d'-*isme* et d'-*issime*).

L'ordinalité qu'a-t-elle été d'autre, sinon une superlativité, le numéral cardinal n'est-il pas un adjectif, le numéral cardinal n'est-il pas susceptible de superlativité aussi-bien que l'adjectif qualificatif, « le plus grand des grands » ou « l'extrêmement grand » est-il grammaticalement autre chose que « le plus... de dis » ou « l'extrême de dis » ?

Mais où est dans l'ordinalité ancienne, dans ce cors mort à la superlativité, l' « amadou », auquel va pouvoir « prendre » l'étincelle jaillissant du superlatif qualificatif — car le sentiment qu'a le lettré de la superlativité qualificative dans quelques adjectifs qualificatifs seulement ne saurait être inhérent à l'ordinalité, ne saurait en jaillir proprio motu, doit trouver un prétexte dans quelqu'un de ses aspects ? Cet amadou c'est *di(s)me* « **decimum** » (avec ses composés, s'il en a). C'est la forme de l'ancienne ordinalité qui rappelle par sa consonance l'-*i(s)me* superlatif, sous la pression d'une nécessité de remplacer une ordinalité dépareillée par une ordinalité uniforme.

Nous nous refusons, il est vrai, à reconnaître à cette consonance d'un radical la faculté d'être considérée comme une terminaison, et, à plus forte raison, de servir de suffixe ; mais nous ne lui dénions pas celle de pouvoir, par le fait qu'elle « rime » avec -*i(s)me* superlatif, être provoquée à devenir terminaison-suffixe, si cette consonance constitue le radical d'un mot dont l'âme sémantique, l'âme superlative, est tout à coup éveillée par la naissance d'une superlativité nouvelle, tout à l'heure inexistante et brusquement apparue.

C'est bien par *di(s)me*, par *di(s)me* seul (et ses composés, s'il en a) que la superlativité fait son entrée dans l'ordinalité nouvelle.

Ce qui le démontre irréfutablement, c'est le parallélisme complet de l'évolution fonétique d'*-i(s)me* superlatif d'adjectif qualificatif avec celle d'*-i(s)me* ordinal.

Sainti(s)me apparaît sous les formes de *sainte(s)me* et *saintie(s)me*, comme *disi(s)me* apparaît sous les formes *dise(s)me* et *disie(s)me*. C'est ainsi que *di(s)me*, lui-même, provocateur d'un suffixe *-i(s)me* ordinal, provoque son cardinal *dis* à se munir de son suffixe, à devenir *disi(s)me*.

Or, ce n'est certainement pas l'ordinalité, dépourvue de toute idée superlative, qui peut être la directive fonétique d'une superlativité réelle ; c'est, au contraire, la superlativité qui donne conscience à l'ordinalité de la superlativité latente que celle-ci contient et qui est réveillée brusquement et inopinément après des siècles et des siècles de létargie. Ce n'est pas *sainti(s)me* qui est devenu un ordinal, c'est *disi(s)me* qui est devenu un superlatif.

Le point de départ de l'évolution commune à la superlativité et à l'ordinalité est donc, sans contestation possible, *-isme*, car des trois formes savantes *sainti(s)me, sainte(s)me, saintie(s)me*, c'est la première, *sainti(s)me*, qui peut seule se rattacher directement à **sanctissimum**, les deux autres en dérivant manifestement, les deux autres ne découlant pas fonétiquement de **sanctissimum** et ne pouvant s'expliquer que par l'intervention d'une autre formule latine, avec laquelle **-issimum** s'est confondu (s'est confondu naturellement, comme nous allons le voir). C'est bien *saintisme* qui est le point de départ de *saintesme, saintiesme*, puisque ses congénères en **-issimum** restent pour la plupart à l'étape *-isme* (*hautisme, longisme, malisme*).

Aussi longtemps que dura la superlativité à laquelle il appartient, *saintl(s)me* devait régulièrement rester ce qu'il était à sa naissance, comme *di(s)me* est resté jusqu'à nos jours ce qu'il était (« dîme »).

La tèse d'après laquelle *di(s)me* aurait été le point de suture entre la superlativité en *-i(s)me* et l'ordinalité en *-isme* donnera lieu à des doutes et y a déjà donné lieu. « Je ne crois pas que *disme* ait pu être senti comme un superlatif », nous écrit M. Clédat [1].

Je conteste la validité de cette objection ; car je constate que l'ancien ordinal *di(s)me* lui-même, contrairement à toute loi fonétique, contrairement à ce qu'il est devenu et ce qu'il est de nos jours (*dîme*), subit la transformation résultant de l'opération que nous lui faisons subir pour servir de suffixe à l'ordinalité nouvelle : il devient lui-même *de(s)me* et *die(s)me*.

Je conteste la validité de cette objection ; car je constate qu'inversement *se(s)me* a produit *si(s)me*, les trois formes *se(s)me*, *si(s)me*, *sie(s)me* signifiant « septième » et remontant à **septimum**, que, par conséquent, l's de *seme* « **septimum** » a fourni une terminaison-suffixe *-eme* parallèlement au *d* de *di(s)me* qui a fourni une terminaison-suffixe *-ime* (Appendice D. ***seximum***).

Si *sainti(s)me* est bien la forme mère de *sainte(s)me* — la troisième forme *saintie(s)me* ne pouvant résulter que d'une fusion de *sainti(s)me* avec *sainte(s)me* — comment expliquerons-nous *sainte(s)me* ?

Par une popularisation de l'*-isme* savant ? Par une modification fonétique spontanée (*isme* ou *i(s)me* devenant *esme* ou *e(s)me*), modification résultant d'une segonde application d'une loi bien antérieure à la formation de la nouvelle ordinalité, mais non périmée ? Non ! M. Clédat a raison, lorsque, après avoir lu une première rédaction de notre

---

1. Cependant M. Clédat fait remonter l'ordinalité nouvelle directement à l'*-isme* des composés de *disme*, ***ondisme***, *treisme*, ***quindisme***, devenus, d'après lui, sous l'influence des nombres cardinaus, *onzisme*, *trezisme*, *quinzisme*.

article, où nous cherchions à établir une dualité de langage suivie d'un compromis, d'un tiers langage (*saintime* savant, *sainteme* populaire, *saintieme* fusion des deus), il nous écrit : « *-isme* n'avait guère de raisons de se changer spontanément en *-esme* ».

Et cependant *sainti(s)me* devient *sainte(s)me* ! Comment le devient-il donc ? *Sainti(s)me* a évoqué *disi(s)me*, par celui-ci il évoque toute l'ordinalité nouvelle en *-i(s)me* (le plus ou l'extrême de *neuf* naît spontanément de le plus ou l'extrême de *dis*). Si l'ordinalité ancienne de 1 à 16 se présente sous la forme de mots qui ne se rangent à la superlativité que par une, dissection violente de *disme*, mais réclamée par une identité complète de sa consonance et de celle du superlatif, l'ordinalité des dizaines, par contre, se présentait vis-à-vis de la superlativité sous un jour parallèlement inverse : l'identité de consonance n'existait pas, il est vrai, mais il y avait simple variante de voyelle distinguant les dizaines en **-esimum** de l'*-isme* superlatif, et, le caractère fonétique disparate était, l'opportunité d'une assimilation avec la superlativité se présentant, amplement racheté par le fait que l'*-esme* de ces dizaines était un véritable suffixe, contrairement à l'*isme* de *disme* qui n'en était pas un et qui était plus ou moins isolé dans les ordinaux de 1 à 16.

Or donc, l'ordinalité, devenue par *disme* « **decimum** » une superlativité, l'ordinalité devenue un cors vivant dans tous ses membres d'une vie égale, et la superlativité appliquant indistinctement à toute sa cardinalité le même suffixe, cette ordinalité en *-isme* va, dans les dizaines à partir de 20, avoir à se substituer à une ordinalité en *-esme*.

Centesme — pour ne prendre comme exemple qu'une ordinalité bien attestée parmi celles en *-esme* primitif — *centesme* « **centesimum** » va être supplanté par *centisme* « *cent* +

issimum », comme *disme* « **decimum** » l'a été par *dis* + **issimum.** Il est réellement supplanté par *centi(s)me*. Supplanté par le venue d'un *-isme* qui ressemble comme un frère à son *-esme* ? Supplanté sans merci ? Supplanté sans qu'il fasse valoir la franche nature de son suffixe *-esme*, qui est si semblable au suffixe *-isme*, parvenu et intrus ? Non pas ! Il devient le représentant de l'ordinalité superlative à l'égal d'*-isme*. L'ordinalité devenue superlative par *-isme* rent formellement, par *-esme*, ...ordinale là superlativité ; toute superlativité est ainsi indifféremment en *-isme* et en *-esme* ; *-esme* entre dans le giron de la superlativité, qu'elle soit ordinale (*disesme*), qu'elle soit qualificative (*saintesme*).

Centisme et *centesme* sont les représentants également autorisés de « centième » ;

Disisme et *disesme* sont les représentants également autorisés de « dixième » ;

saintisme et *saintesme* sont les représentants également autorisés de « **sanctissimum** » ;

et, preuve irréfutable de l'individualité, en tant que suffixes, d'*-isme* et d'*-esme*, en même temps que de leur nature interchangeable,

disme et *desme* sont les représentants également autorisés de « dixième » ;

sesme et *sisme* sont les représentants également autorisés de « septième » (voir D).

Par *disme*, *-isme* s'empare de toute l'ordinalité : toute l'ancienne ordinalité fait place à l'ordinalité nouvelle en *-isme*. *-Isme* a beau jeu à supplanter les ordinalités anciennes jusqu'à 20 : elles n'ont aucune cohésion formelle, et *-isme* établit une unité formelle dans une unité de fonction. Mais, en fonctionnant dans son œuvre d'ordinalisation et d'uniformisation, *-isme* se heurte à un *-esme* de l'ancienne ordinalité, qui est le latin **-esimum** et qui ordinalise les dizaines cardinales à partir de la deuxième. Cet *-esme* remplit vis-à-vis des dizaines très régulièrement les fonctions qu'*-isme* représente vis-à-vis de toute l'ordinalité. Il les remplit même à plus juste titre qu'*-isme*, car *-esme* est un véritable suffixe, alors qu'*-isme* est un parvenu dans le sein des suffixes et a dû devenir ce qu'*-esme* était depuis longtens. *-Esme* était donc un adversaire redoutable d'*-isme*, en même tens qu'un collaborateur « avant la lettre » dans la tâche d'uniformisation qui incombait à *-isme*. Son concours, qui, accepté, aurait eu pour résultat deus ordinalités nouvelles, aurait sans doute été purement et simplement rejeté — le résultat final de la lutte en fait foi — si sa forme même n'eût eu avec celle d'*-isme* une parenté si étroite qu'il est apparu comme un autre *-isme*.

En effet, *-esme* qu'est-il par sa forme vis-à-vis d'*-isme* ?

-Isme serait *-esme* s'il avait existé quelques siècles auparavant. S'en souvient-il ? Je n'ose l'affirmer. Cependant il y a dans la langue des *-esme* qui sont aussi des *-isme* par retour à la forme latine, ainsi *bâte(s)me* qui est aussi *bati(s)me* par retour au latin **baptisma** et peut-être aussi par analogie à son verbe savant.

N'en concluons pas qu'*-esme* soit dès lors apparu comme la forme populaire d'*-isme* savant (ce qui ferait prévoir sans doute un trionfe final d'*-esme* sur *-isme*) ; car si *saintesme* apparaît logiquement comme la forme populaire de *saintisme*, par contre, *centesme* (**centesimum** latin), battu en brèche par *centisme* — *-isme* a pris place dans toute l'ordinalité — ne peut être apparu, primitivement du moins, comme une forme populaire, nouvelle, révolutionnaire de *centisme*, mais, au contraire, comme une forme concurrente ancienne ; et c'est dans cette conception contradictoire de *saintesme* et de *centesme* que je reconnais tout particulièrement la raison d'être d'une solution par fusion dès deus suffixes, d'une solution par la fonétique artificielle, et non par le trionfe de l'un ou de l'autre de ces suffixes, liés l'un à l'autre, n'en formant qu'un morfologiquement, presque identiques formellement, se relayant, prêts à n'être qu'un.

Identité de fonction, parenté étimologique et formelle, concomitance initiale, en voilà assez pour qu'*-isme* ne reconnût pas en *-esme* un étranger, pour qu'il s'y reconnût lui-même.

-Esme est *-isme*. Donc *disisme* est aussi *disesme*, *centisme* est aussi *centesme*. Toute ordinalité est indifféremment en *-esme* ou en *-isme*. *-Esme* ordinal hérite d'*-isme* la superlativité conquise par *disme* sur *saintisme*. Revanche de l'ordinalité sur la superlativité qui s'est introduite dans l'ordinalité par *disme*. Donc : *saintisme* est aussi *saintesme*. Tant que durera le parallélisme superlatif de la superlativité qualificative avec l'ordinalité, *-isme* qualificatif ira de pair avec *-isme* ordinal. Ce parallélisme sera suspendu par la faute d'*-isme* superlatif qualificatif qui tarira, léguant à l'ordinalité le suffixe *-isme* sous la forme *-ième*, dépourvue dès lors de toute valeur superlative, et n'agissant plus analogiquement que comme une ordinalité (*ultième*, *quantième*).

La scission entre la superlativité qualificative et l'ordinalité commencera d'ailleurs au moment précis où la première ne s'appliquera plus qu'à des adjectifs dont la superlativité en *-isme* ne pénètre pas dans le langage commun, où *-isme*, après s'être popularisé dans certains adjectifs, se retire dans la langue exclusivement lettrée (*hautisme*, *malisme*, etc.).

S'il est vrai — et je n'en doute pas — qu'*-isme* et *-esme* sont le même suffixe plusieurs siècles après que la transformation de l'*i* en *e* dans **-issimum** est jugée par les fonéticiens comme une évolution accomplie, je me permès de poser les questions suivantes : les évolutions fonétiques

6

sont-elles encloses cronologiquement, comme on nous le dit ? les évolutions fonétiques, jugées accomplies, n'exercent-elles pas, comme les mots, une action analogique qui défie la limitation cronologique d'un fait fonétique ? quelle est la part de l'évolution fonétique instantanée ? quelle est celle de sa répercussion, en quelque sorte postume ?

Qu'auriez-vous fait d'autre que la langue dans un monde où l'on disait aussi légitimement *disime* que *diseme*, *centime* que *centeme*, *saintime* que *sainteme*, où les uns disaient ceci, les autres cela — sinon tantôt ceci, tantôt cela — aussi légitimement les uns que les autres ?

De cette démonstration, l'infaillibilité de la fonétique, telle qu'elle a été conçue, sort entamée.

La *dîme* est bien **decima** latin. *Di(s)me* est bien **decimum** latin, mais il a été perçu comme étant **dissimum*, et *desme* est **desimum* latin, et *diesme* est un composite de **desimum* et de **dissimum*.

Si(s)me n'est pas **seximum* qui n'a jamais existé (voir D), il est « septième », accidentellement devenu « sixième » (s'il l'est devenu).

La fonétique, telle qu'elle a été conçue jusqu'ici, nous dit que *centesme* est le latin **centesimum**. Cela est vrai pour l'ancienne langue antérieure à la nouvelle ordinalité, cela est absolument certain, puisque — ainsi que nous le fait remarquer M. Clédat — la forme dialectale *centoime* ne peut être née que « lorsque l'*i* de **centesimus** n'avait pas disparu » et laissait l'*e* accentué se diftonguer. Cela est faux pour le *centesme* postérieur à la nouvelle ordinalité : il a cessé d'être **centesimum**. Faillite de l'étimologie fonétique !

*Centesme-centoime-***centesimum** a disparu de la langue à l'époque où est née la superlativité *-isme* mariée à l'ordinalité *-isme* *-esme*. **Centesimum** est tombé en paralisie

comme **Quadragesima** > *Carême,* qui n'est pas l'ordinal
« quarantième ». Aussi « Carême » se présente-t-il à nous
sous les formes correspondantes à celles que présente **centesimum** (*Care(s)me* et *Caroime*), il ne se présente jamais
sous les formes que présente **centissimum-centesimum** et
qui seraient *Cari(s)me, Carie(s)me,* et il est *Caroime* encore
actuellement dans certains patois de l'Est, tandis que *centoime* n'y a pas laissé la moindre trace.

La forme *saintesme* ne représente pas le latin **sanctissimum**, mais bien ***sanctesimum**. Faillite de l'étimologie
fonétique !

La forme *saintiesme* représente à la fois **sanctissimum** et
***sanctesimum**. Elle n'a point d'ancêtre latin ; elle appar-
tient à un langage particulier non encore dénommé. Elle
n'a voulu être ni **sanctissimum**, ce qu'elle était par *saintime,* ni ***sanctesimum**, ce qu'elle était par *sainteme* ; elle
est un « **sanctissimum** » français, sans être un **sanctissimum**, pas plus qu'un ***sanctesimum** latins.

C'est l'ordinalité devenue superlativité par *disme-***decimum** qui détermine dès son entrée dans la superlativité le
sort fonétique d'-**issimum** -*isme.*

J'ai dit plus haut qu'à une alternance constante de *disime*
et *disème, centeme* et *centime, saintime* et *sainteme* la langue a
mis fin par un compromis, au moyen de la fonétique artificielle, que ce compromis était naturel en présence de deus
divergences également légitimes. Mais, une fois la solution
apportée à la controverse intolérable — et elle a été apportée dès le commencement de l'ère nouvelle de l'ordinalité
en -*isme* : « ce suffixe [-*ième*] est au XIIe s. *isme* ou *ime* et
quelquefois *iesme,* au XIIIe s. *iesme,* plus tard *isme* » (D.
G.) et réapparaît ensuite pour ne plus disparaître dans l'ordinalité — la solution apportée par la fonétique artificielle,
dis-je, clôturait tout débat, et dès le XIIe s. la fonétique

artificielle (solution recherchée et trouvée à un état intolérable) devait avoir trionfé.

Il est absolument anormal et incompréhensible qu'après le xııᵉ s. on voie réapparaître l'ordinalité en *-i(s)me* et en *-e(s)me*, qu'on la voie persister durant des siècles qui suivent, comme si aucune solution ne s'était produite à la suite de la concurrence légitime d'*-isme* et d'*-esme*, il est absolument anormal que d'un débat solutionné surgisse à nouveau, et absolument dans les mêmes termes, ce même débat. Le problème est insoluble, et défie l'ingéniosité de tout savant qui serait tenté de faire remonter la nouvelle ordinalité en *-ième* à un processus populaire, à la faire naître, par exemple, des débris de l'ancienne ordinalité. Nous rappelons l'explication du D. G. par laquelle débute notre article.

Il fallait pour que pût se renouveler un débat qui paraissait clôturé, qu'il y ait une source vive qui entretînt ce débat par la mutualité des rapports existant entre les produits de cette source et la source elle-même. Telle n'est point une source populaire qui se déverse en entier et tarit aussitôt déversée, aussitôt épandue. Telle était, par contre, la source savante.

-Issimum > *i(s)me* se présentait absolument dans les mêmes conditions que, plus tard, *-issimum* > *issime*, savant. *-Issime* français n'a pas le déploiement du latin *-issimum* : il ne sert qu'à superlativiser — superlativité absolue — certains adjectifs qualificatifs, tels *rarissime*, *richissime*, lesquels n'impliquent nullement l'emploi de *contentissime*, *mécontentissime*, *proprissime* [1], il est souvent per-

---

1. Nous avons aujourd'hui ou avions encore récemment deus suffixes *-issime* :

1) le français (*rarissime*, *richissime*);

2) l'italien (*sérénissime* qui n'est pas = « très serein », *amplissime* (recteur de l'Université de Paris) qui n'est pas = « très ample ».

sonnel, tel *pédantissime*, employé par Voltaire et qui, malgré l'autorité que lui prête le nom de cet écrivain, ne figure ni dans Littré, ni dans le D. G., mais bien dans mon petit dictionnaire des rimes avec la mention de son origine (Voltaire).

Au XIIᵉ s., **-issimum** > *-isme* se présente absolument dans les mêmes conditions qu'*-issime* < **issimum**. Les adjectifs en **-issimum** — superlativité absolue — entraient dans la langue, non pas de front, en rangs serrés, mais à la queue-leu-leu, espacés, formant un défilé qui n'a été brisé que par l'inappétence survenue à cette superlativité, et qui, sans cette raison d'interruption, aurait pu se poursuivre jusqu'à épuisement de toute l'adjectivité qualificative en tant que susceptible de cette superlativité particulière, et évoquer les formes en *-esme* et en *-iesme*. *-Isme* n'a pas le caractère d'un legs fait à la langue une fois pour toutes, comme l'ont les formes latines entrant en français par la voie populaire, mais il a celui d'une rente qu'il reçoit d'**-issimum**.

-Isme est la francisation d'**-issimum**, dans laquelle il est tenu conte de l'accent latin et des suites qu'entraîne celui-ci en français par rapport à la voyelle suivante. *-E(s)me* est la parfaite francisation d'**-issimum**, due à l'identité fonctionnelle d'*-isme* ordinal (né de *disme*) avec *-esme* ordinal (= **-esimum**), et se trouvant être fortuitement identique à ce qu'aurait produit **-issimum**, traité par la fonétique populaire. *-Issime* est un calque du latin en même tens que de l'italien, dans lequel il n'est pas tenu conte de l'accent de la langue prêteuse.

Tant que le sentiment de la superlativité restait commun au qualificatif et à l'ordinal, le rapport des trois formes restait le même, et les formes en *-isme*, *-esme*, *-iesme* s'entrecroisaient, s'entrechoquaient, et présentaient l'aspect sous lequel elles se présentent selon Godefroy, selon Littré, selon le D. G. L'afflux intermittent des superlatifs en *-isme*, lorsqu'il était représenté par des mots d'un usage non populaire, n'entretenait que la forme superlative en *-isme* (Ex. : *autisme, malisme*) ; mais cet afflux, lorsqu'il était représenté par des mots entrant dans l'usage populaire, entretenait la trilogie *-isme, -esme, -iesme*, qui formait un tout indivisible, les deus premières parties n'étant que des formes contestées, également qualifiées, opposées l'une à l'autre, la troisième étant la forme qui coupait court à la contestation.

-Isme, superlatif qualificatif inutile, a disparu totalement sans laisser aucune trace dans la langue actuelle, tandis qu'*-ième* continue sa carrière et exerce sa puissance de simple ordinal sur *ultime, quant, tant* (Appendice E. *Quantième, tantième, ultième*).

L'histoire que nous venons de raconter est l'histoire vraiment miraculeuse de la résurrection d'un organe ordinal après plus de deus mille ans de sommeil létargique.

-Issimum > *isme*, superlatif qualificatif, est un météore qui a ravivé au firmameut un feu qui paraissait éteint à tout jamais et qui redevient, grâce à lui, une étoile lumineuse éternisant la lumière du météore.

Supprimez *disme* : le météore aurait passé sans laisser de trace autre que le souvenir d'une apparition vaine et éfémère.

Et, alors, notre ordinalité serait-elle la collection d'antiquailles que le XIe s. allait léguer au XIIe ? Il est permis d'en douter, à considérer le besoin d'organisation métodique qui s'est manifesté depuis dans la langue. Une langue qui supprima le prétérit simple à cause de la multiplicité de ses formes exprimant une seule et même fonction n'aurait pas toléré l'ordinalité ancienne avec la multiplicité de ses formes exprimant une seule et même fonction.

C'est au suffixe *-ier* qu'aurait été, sans doute, dévolue la charge de représenter l'ordinalité nouvelle, si une aventure imprévue n'était survenue, la superlativité en *-isme*.

-Ier tenait les deus bouts de l'ordinalité par *premier* et *dernier*, l'encadrait en quelque sorte. Bien des obstacles, il est vrai, se dressaient devant lui pour produire *deuxier*, *troisier*, *quatrier*, etc., bien des places occupées obstruaient son application (le collectif *millier* à côté de *centaine*, les substantifs tels que *setier*, *septier*, etc.). Nous savons, il est vrai, que la langue avait bien des ressources térapeutiques, et qu'elle aurait été à même de faire face aux difficultés qui se présentaient. Cependant remarquons que les patois, impuissants à créer une nouvelle ordinalité, se sont emparés avidement de la nouvelle ordinalité d'essence littéraire [1] — preuve de la difficulté que présentait la création, preuve aussi de l'incapacité de l'ancienne à persister.

Quoi qu'il en soit, c'est aus savants qui croient reconnaître dans la nouvelle ordinalité une création faite d'après le radical de l'un des anciens ordinaus, radical élevé au rang de suffixe, c'est à eus qu'il appartient avant tout de rechercher pourquoi la langue n'a pas eu recours, de préférence, au suffixe *-ier* [2], véritable suffixe, et non à nous qui en prévenons le rôle par l'admission d'une intervention inopinée, venant révéler à l'ordinalité une superlativité latente, et qui substituons un organe spécial à l'ordinalité en lieu en place d'une formation analogique déjà requise par foule d'autres fonctions.

1. Que devenaient *troisième* et *treizième*, par exemple, en Normandie ? Comment se comportait *deusième* à côté de *douzième* ? Que de modifications survenues de ce chef dans la cardinalité !

2. Nous doutons fort que le suffixe réel *-ier* eût produit *premerier*, *dernerier*, nous doutons fort qu'un suffixe réel *-ier* se fût comporté vis-à-vis de l'ordinal dont il se serait détaché, comme l'on dit que s'est comporté vis-à-vis de *disme*, dont il se serait détaché, l'élément *isme*, élevé au rôle de suffixe et produisant *disisme*.

[L'existence certaine de *treïsme* (13ᵉ), venant très régulièrement de **tredecimum*, et dont nous n'aurions sans doute conservé aucune trace s'il n'était pas devenu un nom de fête, me semble prouver d'une façon absolue qu'il a existé un *ondisme*, un *quatordisme*, un *quindisme*, un *sédisme* (**sexdecimum*); et, comme il y a une relation beaucoup plus étroite entre un ordinal et le cardinal correspondant qu'entre deus ordinaus voisins, il me semble tout à fait normal : 1° qu'*ondisme*, refait sur *onze*, soit devenu *onzisme*, etc. ; 2° que la relation avec *disme*, déjà peu apparente dans *treïsme*, ait été négligée par l'analise populaire, et qu'on ait décomposé *onzisme* en *onze* + suffixe ordinal *-isme*[1], d'où : *disisme*, doublant *disme*, *cinquisme* doublant *quint*, etc. On aboutissait ainsi à une série ordinale en *-isme*, continuée, à partir de 20, par une autre série en *-esme* = *-esimum*. Il était inévitable qu'on confondît ces deus suffixes, de même signification, de là des formes telles que *cinquesme* et *centisme* ; la confusion s'est résolue en une combinaison, donnant la forme unifiée *-iesme* : (Cf. mon *Manuel de phonétique*, § 31.)

L'évolution aurait pu être différente sans l'intervention du suffixe superlatif *-isme*, d'origine savante, que M. Gilliéron introduit dans la question, en établissant, avec beaucoup d'ingéniosité et de force persuasive, les rapports entre la superlativité et l'ordinalité. On comprent que le suffixe superlatif et le suffixe ordinal à double forme aient pu réagir l'un sur l'autre[2], et il est possible que du suffixe superlatif, comme le pense M. Gilliéron, ait jailli vraiment l'étincelle qui a enfin ressuscité un organe ordinal cohérent.]

L. Clédat.

III. — La fonétique artificielle dans le Midi.

Nous avons vu la fonétique artificielle être, dans un seul et même parler, de nature térapeutique *in extremis* (*vierge*),

1. [M. Gilliéron, dans son appendice B, conteste que le suffixe ordinal *-isme* ait pu se produire autrement que par l'évolution sémantique de *disme*, considéré comme un superlatif de *dis*.] L. C.

2. [L'action aurait pu se produire par le seul effet de la ressemblance de forme, même sans aucune conformité de signification, comme *fuchsia* est devenu *fluchsia* dans la prononciation populaire, sous l'influence de *fluxion*, sans qu'il y ait aucun rapport de sens entre les deus.] L. C.

ou de nature conciliatrice de deus états concurrents, tous deus légitimes (*i(s)me*, *e(s)me*, *ie(s)me*).

La fonétique artificielle a fonctionné aussi, dans des parlers géografiquement intermédiaires, entre deus aires à fonétique fisiologique.

Dans mon travail sur les noms de l'abeille (page 13), j'ai signalé au point 735 de l'Atlas (Aveyron) une forme *urlo* « marmite » comme résultant d'une contamination de parlers ayant *uro* avec des parlers ayant *ulo* — les uns et les autres sont dans le voisinage du point 735. Cette forme *urlo* est un produit dû à la fonétique artificielle.

Il doit en être de même d'une forme *surla* « soule » (Ardèche), que M. A. Thomas mentionne dans l'Annuaire de l'École des Hautes-Études (1919-1920). *Surla* est la tierce forme de *sura* et de *sula*, non attestés ; elle doit se trouver, par rapport à ces deus dernières, dans une situation géographique identique à notre *urlo*. Elle témoigne ainsi d'un « soule » dont, selon les dires de M. Thomas — ni *urlo* ni *surla* ne figurent dans le dictionnaire de Mistral — *sula* et *sura* ne témoignent plus, et qui, par conséquent, se révèle comme ayant eu une extension géografique plus considérable que ne la laisserait supposer un *surla* né indépendamment de *sula* et de *sura*.

S'il est certain qu'une évolution fonétique est à son origine étroitement localisée et s'épant géografiquement, la fonétique artificielle se présente à nous comme un arbitrage tout désigné aus points de rencontre de deus évolutions contraires.

Ce n'est pas son existence qui doit être pour nous une cause d'étonnement, c'est sa rareté — la langue de Mistral mise à part.

Aussi considérons-nous notre petite cueillette, qu'une observation attentive ne manquera pas d'ailleurs d'enrichir, comme un reliquat d'un procédé linguistique autrefois beaucoup plus répandu. Dans des rapports de langue locale avec la langue littéraire, ce procédé linguistique, selon notre conception, aurait été effacé par l'unification des parlers locaus en parlers régionaus et par l'adaptation toujours plus fidèle des parlers au français.

Pour admettre presque nécessairement une fréquence beaucoup plus grande de la fonétique artificielle dans des parlers d'autrefois, il suffit d'admettre qu'autrefois les parlers populaires étaient plus combatifs vis-à-vis du français qui les envahit, et cette concession qui refusera de nous la faire ?

Le procédé de fonétique artificielle était non seulement un procédé qui a paru naturel à des parlers intermédiaires, il s'est présenté comme naturel à des écrivains régionalistes : il leur a servi à démarquer les mots français, ausquels ils recourent avec ou sans utilité, et à leur donner une allure régionalisante, en associant l'élément régional à l'élément français compétiteur. Ces écrivains nous révèlent une fonétique doublement artificielle.

C'est le cas de la langue mistralienne ou félibréenne.

Déjà nous avons eu l'occasion d'y signaler l'irradiation de *vierge* français dans de savantes dérivations inconnues du français (*Vierginie*, *vierginal*). De même que l'examen de la diftongue *ie* a suffi pour nous révéler en français la présence de la fonétique artificielle, la diftongue *ie* du provençal mistralien nous suffit pour nous révéler la nature de la fonétique doublement artificielle.

On sait que *firmer* d'*affirmer* est né, au nord de la Loire, de conditions particulières à la région et de l'évolution sémantique de *fermer* à « clore avec un fer ». Ces conditions et cette évolution n'ayant pas existé dans le Midi, *fermer* y est resté à son étape sémantique « fixer-assurer

affirmer » — cette dernière valeur « affirmer » étant formellement reconnue par Mistral. Donc le Midi n'avait aucun
besoin d'emprunter *affirmer* au français ; il le lui emprunte
néanmoins, comme nous avons vu qu'il empruntait inutilement *vierge*. Le Midi, ayant **claudere** « fermer » intact
de pénétration par « clouer », n'avait pas non plus besoin
de *fermer* français « clore » ; il le lui emprunte cependant
partiellement (voir carte *fermez* de l'Atlas), et ce *fermer*
provençalisé jure avec le *fermer* provençal et indigène
« fixer-assurer » (avoir les yeux « fermés », tout en pouvant être, comme en italien, avoir les yeux « fixes » et
« ouverts », peut signifier aussi les avoir « fermés, clos » !)

Mais que deviendra l'*affirmer* français ? *Affirm..*, comme
en Dauphiné, par exemple (selon Mistral) ? Le démarquage
serait franc, correct, conforme au procédé suivi par les patois au nord de la Loire — et sans doute aussi par ceus du
Midi. Mais *affirma* serait... trop peu provençal, marque-
rait trop son origine française ; *afferma*, d'autre part, ne
peut aller, puisqu'il signifie « affermer » ; en le provença-
lisant par *e* et en le distinguant de la forme provençale par
l'*i* du français, j'obtiens *afierma* (cf. *orla, -ième*), qui est la
forme du dictionnaire de Mistral venant en tête d' « affirmer » provençal, et, conséquemment, *conferma* et ses dérivés seront *confierma* et ses dérivés.

Il en résulte, pour le Midi, trois **firmare** latins, un
firmare provençal et deux **firmare** français :

1) *ferma* « fixer, assurer » (comme autrefois en français) ;

2) *ferma* « cloré avec un fer », emprunté au français,
n'ayant de raison d'être qu'en français, doublet inutile de
« clore », laissant faussement croire que « fixer-assurer »
a pu développer le sens de « clore (avec un fer) » ;

3) *fierma*, doublet absolument inutile de *ferma* « assurer » (*afierma*, *confierma*, etc.).

J'en prens à témoin le dictionnaire de Mistral : je *ferme* et j'*afierme* que l'on peut dire en provençal j'*aferme* une *fermo* (« ferme ») ou une *fiermo* (« raison sociale ») [1].

Et, noblesse oblige ! Si je veus emprunter au français le mot *firmament*—*fermamen* provençal a existé et s'est berdu ; s'il ne s'était perdu, il serait resté sous cette forme *fermamen*, comme *fermar* est resté *ferma* —, rejetant *firmamen*, trop français, je le provençaliserais volontiers en *fermamen*, mais cette forme me rapellera formellement et étimologiquement *fermamen* « fermement ». Qu'il soit donc *fiermamen !*

Conclusion : *Firm* latin devient en provençal *ferm*, dont l'*e* apparaît diftongué en *ie* quand *firm* latin est *firm* en français (*fierma, fiermamen, Fiermin* (!!)).

Si cette loi fonétique est réellement appliquée par tous les Provençaus, il faut croire que tous les Provençaus connaissent admirablement le français, sans la connaissance duquel il est impossible de parler provençal correctement.

---

1. *Fiermo* « firme ». Le mot français manque encore dans nos dictionnaires français, quoiqu'il se lise tous les jours. Je suis autorisé à le provençaliser ainsi que je le fais ici, puisque, autrement, il serait, dans le dictionnaire de Mistral, le seul de sa famille à n'avoir pas la forme que je lui donne, et *fiermo* doit, conformément à l'ordre établi par l'auteur, figurer en tête des formes de « firme », précédant donc celle de *firmo*.

APPENDICES

A. — « PREMIER, SEGOND, DERNIER ».

Le rapport de l'ordinalité du cardinal *un* avec les autres
ordinaus est double. Ou bien il est identique à celui de
tous les ordinaus entre eus, et s'exprime, à partir de 20,
par *unième* ; ou bien il lui est particulier vis-à-vis de « dernier », que « dernier » soit l'ordinal de *deus* (*segond*) ou
qu'il soit l'ordinal de plusieurs (*dernier*), ce rapport s'exprime par *premier*.

Premier, concurrent et successeur de *prim* sorti de la sfère
de l'ordinalité de par son expansion sémantique, *premier*,
préféré peut-être à *prim* à cause du dissillabisme qui lui est
commun avec ses opposés « segond » et « dernier », représente le bout initial d'une chaîne ordinale dont l'autre bout
est tenu par *derrain*. *Premier* est opposé à *derrain*, dont il
n'est en quelque sorte qu'un comparatif. L'opposition est
une raison d'être pour l'analogie. Il en résulte, d'une part,
pour « premier » la forme analogique faite d'après *derrain*,
soit *premerain* ; d'autre part, pour « derrain » la forme analogique faite d'après *premier*, soit *derrenier*.

La dualité qui en résulte se révèle comme une super-
fluité : *premier-dernier* suffisait, *premerain-derrain* suffisait.

La langue, qui va pouvoir, du fait de cette dualité, dire

indifféremment *premier-derrain* et *premerain-dernier* ne tolé-rera pas cet illogisme.

Le fait que c'est *premier-dernier* qui reste nous montre que le couple *derrain-premerain* était le résultat d'une manœuvre vaine, d'une analogie contrefactrice qui ne tenait pas conte du rapport d'ordinalité particulière de *premier* avec *segond* : son opposition à *segond* favorisait, à notre sens, la forme dissillabique de « premier ». Ainsi la concomitance d'un rapport de *premier* à *segond* avec celui de *premier* à *dernier* fait trionfer *premier* de *premerain*.

Derrain, soumis à l'ordinalité, était exactement ce que notre *ultime* tout récent, que, désordinalisé (= « extrême »), nous faisons rentrer dans les ordinaus, en en faisant *ultième*, à cause de « pénultième, antépénultième » qui le réclament ou proclament la possibilité de son existence véritablement ordinale.

Premier est la seule de toutes les ordinalités anciennes qui nous soit restée dans le sein de l'ordinalité en *-ième*.

Cette unique exception s'explique naturellement selon notre explication d'-*ième* par le suffixe superlatif -**issimum** : le cardinal *un* est seul à ne pouvoir subir la superlativité (le plus.. de 1, l'extrême de 1 ?).

Comment nos contradicteurs, cherchant à donner au suffixe -*ième* une origine ordinale ou autre que superlative, expliqueront-ils cette exception — la forme *unième* existant réellement à partir de 20 — : je l'ignore.

Quant à nous, qui avons une excellente raison à faire valoir contre la possibilité de la naissance d'*unième* « premier », nous devons cependant en faire prévaloir une autre pour expliquer pourquoi -*ième*, une fois dépouillé de toute valeur superlative — ce qui est advenu à ce suffixe lors de la disparition d'**issimum** superlatif qualificatif > *isme* — n'a pu produire, comme suffixe exclusivement ordinal, l'ordinalité *unième* « premier », alors qu'il avait une puissance analogique suffisante pour former de *tant* : *tantième* et pour transformer *ultime* en *ultième*.

Si, contrairement à *segond* qui s'adjoint *deusième*, *premier* ne s'adjoint pas *unième* (l'*unième* de 9 personnes, par ex.), c'est qu'il a tenu bon grâce à sa fonction d'opposé à *dernier*.

Mais, dira peut-être l'un de nos contradicteurs, nous faisons nôtre votre explication : *unième* « premier » n'est pas né lors de la formation de la nouvelle ordinalité en **-issimum** précisément pour la raison que vous alléguez en faveur de la persistance anormale de *premier*.

Au lecteur de juger si, suffisant, à nos yeus, pour expliquer la non-création par analogie d'une unique ordinalité isolée, l'antagonisme de *dernier* est une digue capable de préserver *premier*, à *l'encontre de ce qui arrive à segond*, d'un débordement pareil à celui d'*-ième* qui recouvre la cardinalité entière .. sauf celle de l'unité.

Pour moi il n'y a pas de doute : la conservation exclusive de *premier* dans l'ordinalité en *-ième* est la preuve matématique qu'*-ième* est un suffixe superlatif, à moins qu'il ne me soit démontré qu'il y avait en français un autre suffixe susceptible de s'appliquer à toute cardinalité hormis à celle de l'unité [1].

« *Segond* », ordinal par rapport à « *prim, premier* » était collatéral d'*autre* qui trouvait sa raison d'être dans *l'un*. « *Segond* » n'était qu'un comparatif (all. « *der andere* »),

---

1. [Je crois que *premier* a pu se maintenir, non seulement à cause de son opposition à *dernier*, mais encore en raison de l'extrême fréquence de son emploi, comme le latin *sit* a persisté à côté des formes refaites *siam*, *sias*, etc. Sans ces raisons, l'analogie eût été toute-puissante quand la superlativité incluse ou introduite dans *-ième* n'a plus été senties.] — L. C.

comme *derrain*; il fallait qu'il fût capable d'être ordinal en dehors de « premier » et par rapport à d'autres : de là *deusième. Premier* lui-même (all. *ersterer*), comparatif de *segond* devait avoir pour collatéral un superlatif ordinal ; de là *unième* qui ne fonctionne que lorsqu'il y a pluralité excédant 2, soit, pour lui, à partir de 20.

Que l'usage ne s'en soit pas tenu rigoureusement à la valeur originaire de *segond* — j'entens par là la valeur qu'il avait au moment où commence l'ordinalité en *-ième* — en un milieu mouvant, cela est naturel.

Cependant, s'il en était de *segond*, par rapport à *deusième*, comme Littré le croit (« cette raison, tout arbitraire » — *segond* terminant une énumération après *premier* — « laisse prévaloir l'usage »), il y a longtens que *segond* aurait disparu de la langue : il en aurait disparu en même tens que les ordinaus *tiers* « troisième », *quart* « quatrième », etc. S'il n'a pas disparu, c'est que l'usage n'a pas encore éteint sa valeur originaire, quoiqu'il la fasse vaciller.

Le D. G. a vu dans *prim, sisme, disme* des ordinaus capables d'influencer analogiquement tous les autres ordinaus indistinctement. Pour ma part, je ne comprens pas une action analogique d'une portée aussi générale, et émanant d'un membre de l'ordinalité que rien ne distingue plus particulièrement que tout autre pour exercer cette action (analogie s'exerçant à l'aveuglette). Par contre, je conçois fort bien une action individuelle de *premier* et sur *premier*, vu la dualité de ses rapports avec « dernier de deus » et « dernier de tous », d'une part, et avec les autres ordinaus, d'autre part. Je vois dans *premerain* et dans *dernier* des analogies dont je trouve la raison d'être dans des rapports d'ordinalité particuliers ; je vois dans la survie de *segond* à côté de *deusième* une raison d'être dans son rapport primitivement exclusif avec *premier* de deus, rapport qui n'est plus que vaguement perçu, selon Littré du moins, et dont l'expression se confont avec celle du rapport avec toute autre ordinalité, c'est-à-dire avec *deusième*.

La survie de *segond*, collatéral de *deusième*, dans l'ordinalité actuelle dépent uniquement de l'existence de *premier*, lequel doit lui-même sa survie dans l'ordinalité en *-ième* à la circonstance que cette ordinalité est formée au moyen d'un suffixe superlatif, à l'application duquel il est naturellement rebelle.

Les formes analogiques *dernier*, *premerain* exprimaient bien leur rapport ordinal particulier, et le rapport de *premier* à *segond* peut n'avoir pas été étranger au trionfe de *premier-dernier*.

B. — *Disme* ET SES COMPOSÉS

Pensant qu'elles militent en faveur d'un suffixe ordinal *-i(s)me*, sorti des composés refaits de *disme* « **decimum** », M. Clédat me signale en ancien français des formes ordinales composées de **decimum**, notamment celles de **tredecima** qui, dans Godefroy, sont *treme* (1342), *treisme* (1373, 1516), *treyme* (1395). Ces trois formes, liégeoises, désignant l'Épifanie, le treizième jour après Noël, autorisent M. Clédat à établir l'existence d'un tipe français *treisme*, dans lequel le *d* de **tredecima** est tombé régulièrement, malgré la composition du mot, et a été exactement traité comme celui de **die dominica** donnant *dimanche*. Ce *treisme* corroborerait l'hipotèce de **ondisme*, **quindisme* comme prédécesseurs de *onzisme*, *quinzisme*.

**Ondisme*, **quindisme* seraient à *onzisme*, *quinzisme* ce que **mandue* est à *manjue*, dit M. Clédat.

Je lui ferai remarquer que *manjué* est un intermédiaire fort naturel entre une forme **mandue* étimologique et ce

qu'elle est appelée à devenir, c'est-à-dire *mange*, d'après *manger*, *mangeons*, par besoin d'unification dont la langue témoigne à tout âge, et dont la contre-partie est *manjue* d'après *manjue* et pourrait même avoir été plus anciennement *manduer*, si l'analogie a manœuvré dans la plénitude de ses possibilités. En quoi *onzisme* et *quinzisme* remplaçant **ondisme* et **quindisme* sont-ils semblables à *manjue* remplaçant **mandue* ? Y a-t-il dans *onzisme*, *quinzisme* une tendance que l'on puisse comparer à *mandue* > *manjue* ? **Ondime*, **quindime* étaient **undecimum, quindecimum**. Si c'est pour se rallier à *onze*, *quinze* qu'ils deviennent *onzisme*, *quinzisme*, c'est donc qu'ils se séparent délibérément de *disme*.

Ondisme*, *treïsme*, **quindisme* — et, cas échéant, d'autres formes composées de **decimum — constitueraient une série, d'où aurait pu naître un suffixe *-isme* ordinal, appliqué à d'autres cardinaus que *diz*, *onze*, *treize*, *quinze* — et appliqué à ceus-ci eus-mêmes.

Mais, à quoi bon chercher dans l'ordinalité ancienne le suffixe apte à s'appliquer à toute la cardinalité, si ce suffixe ordinal ne peut rendre conte des formes qu'affecte la superlativité qualificative en **-issimum**, laquelle, sous son triple aspect, marche de pair avec celles de l'ordinalité en *-isme* (*saintisme*, *saintesme*, *saintiesme* — *disisme*, *disesme*, *disiesme*) ? Est-il permis de chercher une solution à la moitié d'un problème ? Est-ce l'ordinalité qui est une superlativité, ou serait-ce la superlativité qui serait une ordinalité ? Est-ce **sanctissimum** qui provoque **centissimum* et **decissimum*, ou est-ce **centesimum** et **decimum** qui provoqueraient **sanctesimum* et **sanctecimum*, voire même, selon le D. G., **séximum* qui provoquerait **grandeximum*.

Toute recherche d'un suffixe ordinal capable de gérer

l'ordinalité en *-ième* indépendamment de la superlativité qualificative est sans objet.

Lorsque, à propos de l'explication donnée par le D. G., j'ai écarté l'hipothèse d'après laquelle **decimum** et **seximum* auraient fourni le suffixe ordinal *-i(s)me*, *-e(s)me*, *-ie(s)me*, j'ignorais l'existence des composés de **decimum**.

Même si j'admès la réalité de *treïsme*, **ondisme*, **quindisme* et d'autres composés encore, il n'y a pas lieu pour moi d'examiner si ces formes, venant à l'appui de *disme*, remettent en question l'origine du suffixe ordinal *-isme*, telle que je la conçois, pas plus qu'il n'y a lieu d'examiner si c'est, comme le pense M. Clédat, le suffixe ordinal remontant à **-esimum** (*centesme*, *Caresme*, etc.) que nous retrouvons comme ordinal dans la forme segondaire en *-esme* de la nouvelle ordinalité, puisque ni *-isme*, ni *-esme* ordinaus ne sauraient rendre conte de la collatéralité exacte des formes du superlatif qualificatif en **-issimum** avec celles de l'ordinalité en *-ième*.

Sans avoir connaissance de la démonstration que M. Clédat m'annonçait [1], j'ai cherché à me rendre conte en quoi les données qu'il me signale peuvent modifier mon point de vue.

Si ces données ne me font changer d'avis sur la genèse et la nature du suffixe ordinal *-ième*, elles m'ont, du moins, révélé certaines lacunes dans mon argumentation, et ont modifié mes idées sur des questions segondaires.

Ce sont les objections de M. Clédat qui m'ont fait reconnaître dans *disme* « **decimum** » (éventuellement dans *sisme* « **seximum* ») le point de suture par lequel l'ordinalité participe à la conception de la superlativité, et qui m'ont fait modifier en ce sens les premières rédactions de mon

1. Cf. page 87.

article, où je tentais d'expliquer l'origine d'*-esme* indépendamment de son existence dans l'ordinalité ancienne (*centesme*).

Si j'ajoute ici d'autres considérations qui me font rejeter
toute tentative d'expliquer le suffixe ordinal *-ième* autrement
que par **-issimum**, c'est que ces considérations ont trait à
l'action analogique, et que la nature de cette action me
semble devoir être soumise à un examen plus sérieus que
celui qui en a été fait jusqu'ici. (Voir : *Analogie réparatrice*
dans le précédent fascicule de cette Revue.)

Treïsme, s'il a existé dans la région qui paraît avoir
donné la langue littéraire de la France, montre qu'à l'époque
française il n'a jamais été « treizième », et que, par conséquent, il avait, bien moins que *disme*, qui a signifié
« disième », une puissance analogique. En effet, non seulement il n'a pas eu pour successeur *trezisme* « Epifanie »,
mais il a encore perdu le *d* qui le rattachait à « **decimum** »
et pouvait seul en faire sentir l'étimologie. Comment, dans
de pareilles conditions, aurait-il pu servir ou contribuer à
servir à former une ordinalité ?

Il ne pouvait pas plus servir de point de départ pour
-isme ordinal que *Caresme* ne le pouvait pour *-esme* ordinal,
Carême n'ayant jamais été « quarantième », ayant tout au
plus pu être « quarantaine » à l'époque où l'ordinalité en
-esme s'applique aus cardinaus — si toutefois, étimologiquement, il a été jamais senti plus que *Noël* ou *Pentecôte*.

Le *d* que **tredecima** a perdu à une époque antérieure à
la date de l'apparition du suffixe ordinal *-isme*, il l'a perdu
en dépit de sa prétendue conservation dans **ondisme* et
**quindisme*, qui ont été impuissants à sauver de la broyeuse
fonétique le *d* de **tredecima**.

**Ondisme*, **quindisme* sont ou seraient de parfaits ordi-
naus à côté de *tre(d)isme*.

L'ordinalité de 10 à 16 apparaît ainsi sous le jour d'une vie latine fonétiquement régulière, et, par là-même, disparate, puisque **decimum** y affecte deus formes différentes (-*isme* et *disme*) : il témoigne par là que son individualité étimologique est atteinte, sinon éteinte — il fait fi de sa prétendue vertu analogique, au lieu de la concentrer à l'encontre de la fonétique qui la disperse.

Je vois dans l'ordinal *ondisme* qui réclamerait un ordinal *tredisme* une action analogique bien plus indiquée morfologiquement que dans *onzisme* se substituant à **ondisme* (créé, par hipotèse plausible, pour le faire collaborer, dans la production de la nouvelle ordinalité, de concert avec *disme*, qu'il abandonne en devenant *onzisme*).

Je vois dans *ondisme* :

soit une forme parfaitement apte à poursuivre la voie fonétique qui s'offre naturellement à elle (>**ondisme*) — le suffixe ordinal -*isme* (quelle que soit son origine) venant à supplanter l'ancienne ordinalité latine ;

soit — *disme* « **decimum** » devenant *disisme* — une forme qui devrait être **ondisisme*, c'est-à-dire **undecim** + **ecimum**, puisque notre contradicteur reconnaît dans le suffixe ordinal -*isme* subséquent un reste de **decimum**.

D'ailleurs, je ne comprens pas, a priori, qu'un *isme* constituant le radical d'un ordinal à l'égal de *iers* (*tiers*), *art* (*quart*) puisse exercer une analogie sur d'autres ordinaus. Il faut pour cela que cet *isme* soit une partie détachable de *disme* : c'est ce qu'il devient dans notre conception (cf. aussi les ordinalités segondaires *premier, premerain. dernier*). Selon notre explication, c'est grâce à la naissance imprévue d'-**issimum** > *isme* dans l'adjectif qualificatif que l'*isme* de **decimum** est interprétable comme un suffixe (cf. *pouvoir, pleuvoir*, où le peuple reconnaît voir, et dont les participes passés sont *pouvu, pleuvu*) et que, comme tel, il s'applique au cardinal **decem** d'alors et, au même titre, à tous les cardinaus d'alors, l'ordinalité entière étant sentie, grâce à *-isme* suffixe, comme une superlativité naturelle, comme une superlativité ordinale aussi naturelle que la superlativité qualificative.

L'application d'*-isme*, suffixe ordinal, a été complète conformément à la parfaite unité d'appétence chez les cardinaus — sauf chez l'unité, pour la bonne raison que l'unité est la seule cardinalité incapable de superlativité, et cette exception dans l'ordinalité nouvelle n'est pas la preuve la moins catégorique de la vérité de notre solution, d'après laquelle *-isme -ième* est un suffixe superlatif — celle d'*-isme*, suffixe qualificatif, est restée très incomplète conformément à une appétence très imparfaite chez les qualificatifs.

Onzisme < **ondisme*, *quinzisme* < **quindisme* me paraissent des extravagances analogiques, en tant que *onze*, *quinze* + **undecimum**, **quindecimum**.

Pour quel motif *onze*, *quinze* se seraient-ils substitués à *ond*, *quind*, alors que **decimum** était absolument logique dans ces composés ? Comprendrait-on en allemand — parallèle parfait, à mon sens — *der fünfzehnste* à côté de *der zehnte* ?

Decimum, sans une intervention imprévue et imprévoyable, n'est pas plus capable de fournir un suffixe *-isme* que *bon* ne saurait fournir le suffixe *-on*. **Ondime*, **quindime* ne le sont pas davantage, *ond* et *quind* n'étant rien de plus que *d*.

-Isme pourrait-il se détacher des formes hipotétiques *2+(*d*)*isme* « douzième », *6+(*d*)*isme* « seizième », faites conformément à *treïsme* (qui s'est dérobé sémantiquement) ? Pourrait-il, détaché de « 12 » et de « 16 » fournir des formes qui seraient *deusième* et *sixième* ?

Decimum devient *disme*, *disme* devient *disisme*; donc :

disisme est fait sur *dis*, cardinal de l'époque ;
onzisme est fait sur *onze*, cardinal de l'époque ;
quinzisme est fait sur *quinze*, cardinal de l'époque.

Il y a parallélisme complet, selon nous. On nous dit, par contre :

disisme est fait sur *dis*, cardinal de l'époque ; par contre,
onzisme remonte à **ondisme*, qui n'est pas devenu *ondisisme*, mais *onzisme*, analogiquement.à *onze* ;
quinzisme remonte à **quindisme*, qui n'est pas devenu *quindisisme*, mais *quinzisme*, analogiquement à *quinze*.

On suppose **ondime*, **quindime* pour enrichir la série de **decimum** et, en même tens, on nous montre ce **decimum** en pleine déconfiture,

1) incapable de vivre consciemment dans **tredecima**,
2) incapable de vivre consciemment dans **ondisme* et **quindisme*, quoique se survivant dans *disme* « dîme », de sorte que :

disisme est = *dis* + *isme*,
onzisme est = **undecim** + **ecimum**,
quinzisme est = **quindecim** + **ecimum**.

L'ordinalité ancienne n'avait, dans son état formel disparate, aucun germe sémantique qui pût déterminer la voie fonétique que suivrait un adjectif qualificatif dans sa superlativité. Ni *premier*, ni *prim*, ni *tiers*, ni *quart*, ni *disme*, ni *centesme*, ni *Caresme*, ni *treisme* « Epifanie », ni quelque autre terme d'ordinalité alors présente ou passée, ne présentait à l'esprit une idée de superlativité, pas plus que, de nos jours, le suffixe ordinal -*ième* n'en présente une (*ultime* > *ultième*, oui ! *intime* > *intième*, impossible !).

Lorsque la superlativité savante en -*issimum* > *isme* (tipe *saintième*) disparaîtra, la superlativité ordinale, acquise par l'identité de (*d*)*isme* avec (*saint*)*isme* cessera, ipso facto, d'être sentie, et *disième*, aujourd'hui, ne serait pas plus

capable de guider fonétiquement une superlativité suppo-
sée d'adjectif qualificatif, que ne l'étaient *disme* et sès composés vis-à-vis de la superlativité éfémère d'-**issimum** >
isme > -*esme* > -*iesme*.

En cherchant à multiplier les composés de *disme-* **decimum**, on n'augmente pas, par le nombre, sa capacité analogique : à nos yeus, on la diminue en y découvrant des
formes où l'individualité de *disme* est obscurcie (*treïsme,
onzisme, quinzisme*), et, que *disme* soit isolé, ou accompagné,
on ne lui donne pas, en le traitant comme un ordinal où
isme constitue les 4/5 de son radical, la faculté de manœuvrer analogiquement vis-à-vis d'autres ordinaus, on lui
donne bien moins encore la faculté, que lui donne notre
explicatior, de manœuvrer vis-à-vis de l'adjectif qualificatif,
à l'âme duquel il participe, et dont il va être finalement
l'unique dépositaire, dépositaire inconscient, après qu'elle
aura fui de l'adjectif qualificatif.

Disme est bien originairement **decimum**; mais — par
étimologie populaire ou française — **decimum** est devenu
***dissimum**. Faillite de l'étimologie fonétique !

C. — SUPERLATIVITÉ ABSOLUE D'-*isme* ET D'-*issime*.

La superlativité en -*isme*, pas plus que, plus tard,
la superlativité en -*issime*, n'a jamais été une superlativité relative en français, comme elle l'a été primai-
rement en latin. Si tentant qu'il soit d'en dériver la superlativité ordinale, ce n'est donc pas à la superlativité relative (« le plus grand » : « le plus .. de dis »)
qu'elle remonte, c'est à la superlativité absolue (« l'extrêmement grand » : « l'extrême de dis »), et cette origine
explique la longue concomitance formelle de la superlativité qualificative avec la superlativité ordinale mieus que

ne le ferait une origine de la superlativité exclusivement relative, qui est plus éfémère (« le plus grand » > « le très grand »).

Si la superlativité relative avait existé en français, on n'aurait pas hésité à faire remonter la scission, qui s'est produite entre *-isme* superlatif qualificatif et *-isme* superlatif ordinal et qui est survenue en *-ième*, déjà à l'évolution de la superlativité relative à la superlativité absolue, évolution toujours imminente dans l'adjectif qualificatif, évolution que l'on aurait pu croire incompatible avec toute conception de l'ordinalité. On n'aurait pas hésité à faire précéder la disparition naturelle d'*-isme*, superlatif qualificatif inutile, démodé, de cette scission résultant d'un désaccord sémantique.

Il n'en est rien : *-isme* est le résultat d'une tentative d'établir à côté de la superlativité qui a recours à des adverbes, une superlativité simple et absolue. Celle-ci ne pouvait naturellement être que d'essence savante, et elle a échoué, parce qu'elle n'avait aucun caractère d'urgence, pas plus que, plus tard, la superlativité en *-issime*. Elle meurt de son inutilité, n'est pas même parvenue à contrebalancer la formation populaire par l'adverbe, qu'elle n'avait d'ailleurs entamée ou effleurée que dans quelques éléments. La superlativité qualificative étant morte, la superlativité ordinale reste seule titulaire d'*-ième*, qui ne saurait dès lors plus se prévaloir que de son caractère d'ordinalité. Dès lors, il émanera d'*-ième*, exclusivement ordinal, des formations exclusivement ordinales (*ultime* > *ultième*, *tant* > *tantième*, *quant* > *quantième*).

C'est ainsi que la langue savante, par une de ses créations éfémères, a procuré une famille morfologique à la langue commune qui en avait un pressant besoin et qu'elle était incapable de former, une famille en lieu et place d'une cohue de mots dépareillés faisant tous la même fonction grammaticale.

Les patois, indigents, se sont emparés de cette bonne aubaine.

-*Issime* d'-**issimum** superlatif qualificatif montre, par sa forme nouvelle et plus servilement calquée du latin, par sa double provenance de l'italien et du latin, qu'il ne peut être considéré comme le continuateur direct d'-*isme* en fonction de superlatif qualificatif, pas plus qu'il ne peut être considéré comme la preuve d'une opportunité urgente de superlativité qualificative simple à côté de celle exprimée par des adverbes. Il est le renouvellement de la tentative dont témoigne -*isme,* mais un renouvellement qui ne laissera pas dans la langue une trace ineffaçable comme l'a fait -*isme.*

D. — *Seximum.

La forme *sisme* « sisième », que le D. G. dit avoir pu, de concert avec *disme,* donner naissance à l'ordinalité en -*isme,* viendrait d'après lui de *seximum.** Il s'explique ce **seximum,** je suppose, comme une forme née analogiquement à **septimum** : celui-ci a, en effet, exercé une action analogique sur les unités ordinales qui le suivent numériquement.

Mais ce *sisme* avait une forme concurrente venant de **sextum,** qui est latin, et fait partie de l'ancienne ordinalité. *Sisme* « sisième » serait donc créé en marge de l'ancienne ordinalité, serait plus récent que *siste* et plus ancien que *sizisme.*

Siste est copieusement attesté dans Godefroy; *sisme* « sisième » ne l'est pas du tout, et *sisme* y figure parmi les douze formes de « sètième », avec *sime* et *syme,* qui sont les formes de *sisme* plus conformes à la prononciation d'alors. Nous nous posons donc la question suivante : *Sisme* « sisième » a-t-il réellement existé, contrairement à ce que nous pourrions conclure du silence de Godefroy ?

Que ***seximum** soit une forme inventée par D. G., qui l'accompagne prudemment d'un astérisque, cela ira de soi, si *sisme* « sisième » n'a pas existé ; car ***seximum** a été fait pour expliquer *sisme* « sisième ». Mais, d'autre part, nous ne pouvons croire que le D. G. ait inventé ce *sisme* « sisième », ou ait été la dupe de quelque interprétation erronée. Aussi bien, allons-nous voir qu'il aurait fort bien pu exister, si même il n'a pas existé, et que la possibilité de son existence n'autorise pas la création ***seximum**.

Alors, *sisme* a pu être « sisième » et « sètième » ? Parfaitement.

Septimum devenait régulièrement *sème*, qui ne pouvait devenir fonétiquement *sime* ; par contre, ***seximum** devenait régulièrement *sime*, qui ne pouvait devenir fonétiquement *sème*. Et cependant *sime* et *sème* se rencontrent.

Si *di(s)me* « **decimum** », interprété comme étant *di(s)me* « **dissimum** », devenait *de(s)me* « ***desimum** », pour aboutir, par la fusion des deus dernières formes (fonétique artificielle) à *die(s)me* :

Si(s)me « ***seximum** », interprété comme étant *si(s)me* « ***sissimum** », devenait *se(s)me* « ***sesimum** », pour aboutir, par la fusion des deus dernières formes, à *sie(s)me*.

Mais, ce *si(s)me-se(s)me-sie(s)me* devait signifier « sisième » (et non « sètième »). Et ce *si(s)me se(s)me sie(s)me* est d'une absolue inutilité à côté des formes de **sextum**, est en marge de l'ordinalité ancienne, aussi bien que de la nouvelle en *-isme* (*sizisme*).

Donc *si(s)me* > *sème* « sètième » est une impossibilité.

Mais, si, par contre, *de(s)me* « ***desimum** » était le collatéral de *di(s)me* « ***dissimum** », ainsi qu'a été interprété *di(s)me* « **decimum** ».

seme (ou *se(s)me*, ce qui revient au même) « **septimum** », devait pareillement avoir pour collatéral *si(s)me* « ***sissimum** » (= le prétendu ***seximum**, alors qu'il signifie « sètième ») et *se(s)me* est censé avoir été ***sesimum**.

Que *sisme* de *se(s)me* « sètième » ait pu être conçu comme l'ordinal de *sis*, ait pu avoir été employé, par erreur, pour « sisième », cela est bien naturel : *disme* étant l'ordinal de *dis*, *sisme* apparaît comme l'ordinal de *sis*. Confondu avec *sisme* « sètième », étant *sisme* et *sesme*, comme l'était aussi *sème* « sètième », quelle vie peut-il avoir eue ? Je ne saurais le dire.

Ce *sisme* « sisième » n'a rien à faire avec un ***seximum**, doublure de **sextum** ; il est une forme de **septimum**, qui, fort malencontreusement, lors de la création de la nouvelle ordinalité en *-isme-esme-iesme*, a pris l'aspect d'un ordinal de *sis*.

Sur les douze formes de « sètième » signalées par Godefroy (*setme, sedme, sepme, sesme, seme, seime, sietme, siesme, sieme, sisme, sime, syme*), huit conviennent aussi bien à « sisième » qu'à « sètième », et les quatre autres ne se distinguent de « sisième » que par des consonnes muettes, plus ou moins étymologiques.

Sisme, disme, soi-disant promoteurs de l'ordinalité en *-isme*, selon le D. G., en sont, au contraire, les victimes.

Les formes *desme, diesme, sesme, siesme*, entraînées dans l'évolution d'*-isme* ordinal, dénotent la non-instantanéité du remplacement de l'ancienne ordinalité par la nouvelle. La possibilité d'une confusion pareille à celle de *sisme-sesme-siesme* = « sisième » et « sètième » laisse entrevoir dans le remplacement des cas d'urgence plus ou moins pressante.

Si *-isme* (> *esme, iesme*) n'est pas **-issimum**, nos contradicteurs ont à résoudre le problème suivant : comment *sisme, sesme, siesme* ont-il pu signifier à la fois « sisième » et « sètième » — ou « sètième » seulement ?

E. — *Quantième, tantième, ultième.*

Au xvie s., le suffixe *-ième*, devenu exclusivement ordinal, reçoit *quantième* et *tantième* [1] qui ne paraissent pas avoir jamais été *quantime-quanteme* et *tantime-tanteme*. Il reçoit *tantième* comme numéral fractionnaire, *quantième* comme ordinal corrélatif non seulement de notre *premier* (du mois), comme il l'est aujourd'hui, mais de toute autre ordinalité (du mois), comme il l'a été autrefois. L'opportunité de *quantième* se trouve aujourd'hui diminuée considérablement du fait que nous disons aujourd'hui *le deus, le trois*, etc. (du mois), et non plus *le deusième, le troisième*, etc. Aussi, en certaines provinces, *le quantième* est-il remplacé par *le combien* (du mois).

Un mot de la famille en *-ime*, à laquelle appartiennent *intime, infime, sublime* — incapables d'ordinalisation — s'est fait admettre lui aussi — capable d'ordinalisation — dans la famille des ordinaus en *-ième* : sa terminaison *-ime*, identique à celle du suffixe d'**-issimum**, appliqué aus cardinaus, l'y a introduit, capable qu'il était d'exprimer une ordinalité double. C'est *ultime* qui, d'ordinal semblable à *segond*, devient par *ultième* un ordinal semblable à *deusième*.

Il semblerait que, déjà au xiiie-xive s., il ait été entraîné dans l'ordinalité en *-ième*, dépourvue de superlativité, si j'en juge d'après la forme *penultieme* (D. G.). Il n'en est

---

1. *Tantième*, qui pourrait bien supplanter *quote-part*, né figure pas dans le D. G. Pourquoi ?

rien. A cette époque, la forme *pénultieme* était équivalente de *pénultime* (*grandieme, deusieme : grandime, deusime*), il n'est pas notre ordinal actuel *pénultième*, puisque nous trouvons au xve s. *pénultime* (D. G.) : il est ***paenultissimum** et ***paenultesimum** associés et fusionnés. Notre *pénultième* actuel est étimologiquement le même que celui du xiiie-xive s., il n'est pas le même historiquement. *Pénultième* a deus origines différentes, l'une superlativo-ordinale, l'autre exclusivement ordinale.

Ultième, à côté d'*ultime*, grâce à « pénultime » et « antépénultime » a une raison d'être aussi légitime que *deusième* à côté de *segond* (« Votre pénultième mari, madame ! vous avez donc été mariée *bien des fois*. Littré).

Nos mots d'aujourd'hui sont, sans doute, une segonde édition d'**ultimum** latin. — *ultime* et *ultième* ne figurent pas dans le Dict. de l'Académie, et Littré donne seulement du premier un exemple (xve s.).

Ultième peut fort bien être considéré comme une forme due à l'*analogie réparatrice*, la forme *réparée* coexistant avec la forme originaire *ultime*, qui reste opportune dans les cas d'ordinalité en marge de l'ordinalité précise et complète en -*ième*. *Ultième* est à *ultime* absolument ce qu'était *dernier* à *derrain*. On peut même regretter que *derrain* ne nous soit pas resté, comme *ultime* nous reste (« Mon fils est un des *derrains* de sa classe », et non : « des *derniers* »). On pourrait en dire autant de *premerain* coexistant avec *premier*.

Je ne sais pourquoi d'aussi jolis mots qu'*ultime* et *ultième* ne figurent pas dans le D. G., alors que Littré parle de tous deus.

Ultime n'est pas **ultimum** : il a été considéré comme étant ***ultissimum**, et, par conséquent aussi ***ultesimum**, est devenu *ultième* (*pénultième* du xiiie-xive s.) ; mais notre *ultième* actuel n'est pas ***ultissimum-ultesimum**, il est un *ultime* fr. postérieur à *ultissimum-*ultesimum*, et ayant passé à *ultième*, lorsque le suffixe *-ième* était devenu exclusivement ordinal.

Par *tantième* et *ultième*, je complète toute la famille d' « *eme* moyen » de mon petit dictionnaire des rimes, qui ne comprent, outre les ordinaus des cardinaus, que *quantième*, *pénultième* et *antépénultième*, faisant à cette famille une place à part, bien conforme à sa genèse particulière.

9 782329 037516